8° V
36134

Capitaine B.

RÈGLEMENT DE MANŒUVRE

DE

L'Infanterie Japonaise

PARIS
IMPRIMERIE-LIBRAIRIE MILITAIRE UNIVERSELLE
L. FOURNIER
264, Boulevard Saint-Germain, 264

1912

RÈGLEMENT DE MANŒUVRE
DE
L'INFANTERIE JAPONAISE

BIBLIOTHÈQUE NATIONALE R.F. IMPRIMÉS

8V
36134

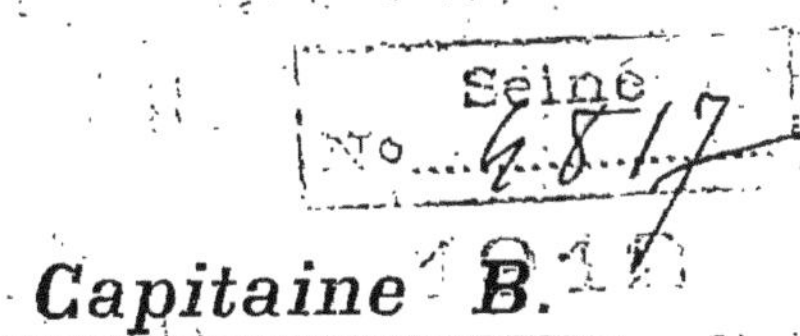
Seine
N° 4817

Capitaine B.

RÈGLEMENT DE MANŒUVRE

DE

L'Infanterie Japonaise

BIBLIOTHÈQUE NATIONALE R.F. IMPRIMÉS

PARIS
IMPRIMERIE-LIBRAIRIE MILITAIRE UNIVERSELLE
L. FOURNIER
264, Boulevard Saint-Germain, 264

1912

RÈGLEMENT DE MANŒUVRE

DE

L'INFANTERIE JAPONAISE

Rescrit impérial

Nous sommes convaincu, d'après l'expérience de la dernière guerre, que les responsabilités de l'infanterie se sont accrues. Il est de toute importance de relever encore le niveau de l'esprit martial du personnel, et de rendre plus stricte la discipline militaire. Officiers et troupe doivent être imbus des dispositifs et des règles de combat exposés dans le présent règlement, de manière à en garantir l'application conforme. Tous les intéressés s'efforceront d'étudier de près et de développer les caractéristiques des modifications qui ont nécessité la revision du règlement.

PRINCIPES FONDAMENTAUX

1. — Au combat, les résultats avantageux sont assurés par la coopération des diverses armes dont on a su développer à l'extrême les aptitudes. L'infanterie est l'arme principale;

c'est à elle que revient dans tous les cas la tâche principale sur le champ de bataille; c'est elle qui provoque la décision finale de la lutte. On peut donc poser en dogme que la coopération des autres armes a pour but de permettre à l'infanterie de remplir sa mission.

La caractéristique de l'infanterie est son aptitude à mener le combat de bout en bout sans se préoccuper des questions de terrain ni de durée: elle doit donc être prête à préparer et à exécuter le combat par elle-même, au besoin sans aucune aide.

2. — Le but principal de l'action d'infanterie est de dominer l'ennemi par le feu et de l'écraser par la charge. L'emploi du feu occupe la plus grande partie du temps pendant la progression du combat; son action constitue pour l'infanterie un moyen important de combattre, mais c'est la charge à la baïonnette qui décide de l'issue de la lutte.

3. — L'importance de la *discipline militaire* est vitale pour une armée. C'est du fait de la discipline que les milliers d'hommes d'une armée travaillent avec harmonie dans un but commun, comme un seul homme, pour ainsi dire, et cela, bien qu'ils soient soumis aux différences de terrain et de situations qui sont inévitables sur un vaste front de combat, bien qu'ils soient affectés à des missions dis-

tinctes. La discipline militaire est donc le système artériel qui coule du général en chef jusqu'au dernier des soldats; de son état dépend l'issue du combat et le destin de l'armée.

4. — Un esprit résolument offensif, une vigoureuse constitution, une connaissance parfaite du métier militaire, telles sont les qualités indispensables au fantassin. Le combat d'infanterie est, par nature, acharné; il faut donc au fantassin, audace, constance, calme et courage; ceci est d'autant vrai que l'issue de la lutte est plus imminente, et que la rage du combat est à son comble. C'est à ce moment, où l'ennemi souffre autant que nous, plus peut-être, qu'un effort courageux de notre part le fera renoncer à toute idée de résistance.

L'esprit d'offensive est l'essence même de l'esprit martial, produit du loyalisme, du patriotisme et du sacrifice volontaire de la vie de l'homme à son pays. C'est de cet esprit que découlent la perfection dans le métier, le parachèvement de l'entraînement, et finalement, le succès dans le combat. *La victoire, ni la défaite ne sont point les conséquences inéluctables du nombre;* au contraire, des troupes bien instruites, vigoureuses, imbues de l'esprit d'offensive, peuvent toujours battre un ennemi supérieur.

5. — Le Moral des troupes doit toujours

être brillant, surtout dans les revers. C'est le chef qui est la source du moral de ses hommes: il doit donc prendre part à leurs joies et à leurs peines, se montrer leur modèle, s'imposer à leur respect; il lui faut la hauteur d'esprit, la force de volonté nécessaires pour gagner sans retour leur confiance; il lui faut se montrer au point où la lutte est le plus acharnée, alliant la hardiesse à la présence d'esprit.

6. — L'harmonie dans les efforts est de première importance pour remplir le but du combat; elle repose en grande partie sur l'initiative et l'action privée des individus superposées aux directions données par les ordres. Peu importe l'arme; qu'il s'agisse d'un chef ou d'un simple soldat, l'effort de chacun dans l'accomplissement de son devoir rentre dans le concert des volontés tendues vers le but final. Quant aux moyens adaptés aux diverses circonstances du combat, c'est du seul jugement des individus qu'il faut les attendre. L'initiative n'est que la conséquence directe de l'esprit général, de l'esprit martial qui doit parfois amener l'individu à se sacrifier complètement dans l'intérêt de son parti.

Néanmoins, l'initiative est inséparable de la subordination; elle ne peut s'exercer dans aucun cas qu'en tenant compte des intentions du commandement supérieur et d'accord avec ses desseins. Toutefois, par suite de circonstances imprévues de la bataille, on peut se trouver forcé de sortir de ces limites morales; alors même, on doit s'appliquer à se conformer aux intentions probables du commandement, en se gardant de se montrer présomptueux.

7. — Seules, la simplicité et l'adresse peuvent réussir au combat. C'est là le principe directeur suivi dans la première partie du règlement: on y expose en petit nombre des modèles simples avec les règles principales du combat. L'objet principal du règlement est donc le suivant : amener tous les intéressés à observer strictement ces modèles ou règles, à s'en imprégner, et à les appliquer pratiquement, ensuite, suivant les circonstances, d'accord avec les règles fondamentales qui seront posées dans la deuxième partie.

Il est interdit de limiter l'élasticité dans l'application pratique en donnant des instructions d'une complication inutile à l'effet de provoquer une uniformité superficielle.

PREMIÈRE PARTIE

De l'instruction

RÈGLES GÉNÉRALES

1. Le but de l'instruction est de familiariser les officiers et la troupe avec les diverses formations et règles de combat, et, en même temps, de former des unités bien disciplinées, d'esprit solide, capables de faire face aux obligations multiples de la bataille.

2. Le commandant de compagnie, l'officier supérieur, sont responsables de la réalisation du but de l'instruction: ils instruisent leurs subordonnés en observant exactement le Règlement. Les méthodes d'instruction sont laissées à leur discrétion. Pourtant, l'officier supérieur doit surveiller constamment l'instruction donnée par ses subordonnés, s'efforcer d'en favoriser les progrès, et réprimer toute dérogation aux préceptes du Règlement.

3. Toute l'instruction préparatoire au combat s'exécute dans la compagnie. L'emploi du bataillon ou de toute troupe supérieure consiste surtout

dans la combinaison de ses diverses unités en vue d'étudier le combat sous divers aspects, ainsi que l'engagement en liaison avec les autres armes.

4. Dans l'instruction, on commencera par les choses simples, pour aborder ensuite les sujets plus compliqués, en se gardant de toute précipitation dans la progression. Chacun mettra tout son zèle à la tâche, sans négliger aucun détail, quelqu'insignifiant qu'il puisse paraître.

On variera judicieusement les sujets d'instruction; le temps et les méthodes à y consacrer seront fixés en raison des capacités mentales et physiques des soldats. Se souvenir toutefois que, dans le combat réel, on peut avoir à exiger un effort considérable, ainsi que la répétition des mêmes mouvements pendant une longue période, et qu'il est important d'adapter l'instruction à ces nécessités. Enfin, il n'est pas bon de passer trop rapidement d'un exercice à un autre, car les soldats contracteraient vite la mauvaise habitude de se dégoûter rapidement.

5. Dans l'exécution de l'instruction, il faut d'abord se fixer le but à atteindre, et ensuite adopter une méthode adéquate. Par-dessus tout, il faut, dans un exercice de combat, faire une hypothèse, et exécuter les manœuvres à prévoir dans la réalité. Dans le choix de l'hypothèse, il est de toute importance de supposer une situation de combat des plus simples, et d'envisager spécia-

lement le cas de la troupe encadrée. On évitera scrupuleusement de provoquer des incidents prévus et invariables, sous peine de faire dégénérer les exercices en évolutions dépourvues de vie.

6. Dans les exercices de combat, on représentera les fronts adverse et ami au moyen de petits groupes, de fanions, ou de silhouettes de tir; en renforçant l'ennemi d'abord esquissé, on donnera une idée de l'emplacement et des mouvements de ses troupes de seconde ligne. Enfin on pourra opposer des effectifs réels.

Dans l'instruction d'une petite unité pour le combat, il faut mettre la direction du feu et l'emploi de l'arme d'accord avec la nature de l'objectif; dans ce but, représenter la ligne ennemie avec une approximation aussi parfaite que possible de son véritable aspect dans un combat réel.

7. Dans l'exécution d'un exercice de combat, si le terrain est trop limité pour permettre de parcourir toute la progression de l'engagement, il faut couper celui-ci en certain nombre de phases que l'on exécute successivement; la plus grande attention doit être apportée à cette division en phases, ainsi qu'au passage d'une phase à l'autre.

8. Dans tout exercice de combat, il faut s'efforcer de réaliser les conditions matérielles et morales à prévoir dans la réalité. La manœuvre ne doit pas se dérouler trop rapidement; on ne doit tolé-

rer du soldat aucun acte improbable dans le combat réel. Il est donc nécessaire de charger des arbitres de donner en temps voulu les indications convenables à un parti sur les effets de son feu et de celui de l'adversaire.

9. L'infanterie doit être particulièrement experte dans le combat de nuit. On exécutera donc de fréquents exercices de nuit avec des unités d'effectif variable: les officiers de tout grade s'accoutumeront ainsi à faire des projets sensés et à répartir judicieusement leur troupe; en même temps, celle-ci deviendra assez exercée pour pouvoir, en tout terrain, parvenir en bon ordre et en silence au point désigné, puis exécuter la manœuvre prévue.

10. Il est du plus haut intérêt de s'exercer avec une unité à l'effectif de guerre; il faut également être au courant du remplacement des munitions; on doit donc profiter de toutes les occasions pour pratiquer ces deux points.

11. A la manœuvre, on se voit parfois forcé par les considérations du temps de paix à faire agir et marcher les troupes à l'encontre des nécessités du combat; l'officier directeur de l'exercice en donnera s'il le faut la raison à ses subordonnés. Alors même que les ouvrages de fortification ou travaux divers sont inexécutables, il faut en pousser aussi loin que possible les plans et la préparation.

12. L'officier commandant exprime ses intentions à ses subordonnés au moyen de commandements énoncés d'un ton de résolution inébranlable, dans une attitude correcte, d'une voix claire et animée, capables, en un mot, de pousser les sous-ordres à travers le feu et l'eau. On n'aura recours aux ordres qu'en cas d'insuffisance des commandements. Un ordre doit être concis et précis; la transmission doit en être rapide; sa rédaction doit donc emprunter les commandements dans la mesure du possible. Dans certains cas, des signaux sonores ou visibles tiennent lieu de commandements. Quand un commandement se divise en commandement préparatoire et commandement d'exécution, on émet le premier d'un ton clair et prolongé, et le second d'un ton vif et bref, en les séparant par l'intervalle convenable. Dans le Règlement, les commandements préparatoires sont imprimés en gyosho (équivalents à nos italiques), pour les distinguer des commandements d'exécution.

En fait de signaux visibles, élever l'arme ou la main prescrit la mise en marche; élever la main, puis l'abaisser de suite signifie : halte! L'officier emploie parfois le sifflet pour attirer l'attention de ses hommes. L'usage du sifflet se limite au cas où l'on veut faire cesser le feu, ou à ceux où le feu n'est pas en cours d'exécution. Le signal au sifflet de cesser le feu est réservé aux cas de force majeure.

L'officier commandant s'étudiera et s'attachera

à acquérir l'art de se faire comprendre de ses subordonnés dans ses commandements ou ses ordres relatifs aux situations qui se présentent.

13. L'officier commandant doit s'habituer à diriger ses subordonnés dans toute posture ou position qu'il peut être forcé d'adopter dans la réalité.

Quand l'exercice l'exige, un officier supérieur commandant peut choisir son emplacement et sa posture; la même faculté peut s'étendre parfois jusqu'à l'officier subalterne commandant.

14. On doit exécuter simultanément avec le Règlement de manœuvres les exercices supplémentaires indiqués dans les différentes instructions, de manière à perfectionner le soldat dans le métier militaire et ses diverses branches, comme à accroître sa vigueur et sa confiance en lui-même.

15. Au cours d'une inspection, le chef ne doit pas se contenter d'observer uniquement l'extérieur de l'instruction: son attention doit se porter sur son côté intérieur; il s'assure ainsi que les fins des exercices correspondent ou non aux nécessités de la bataille. Une inspection basée sur ce principe exerce une influence sur les progrès de l'armée.

CHAPITRE PREMIER

L'INSTRUCTION INDIVIDUELLE

RÈGLES IMPORTANTES

16. L'instruction individuelle a pour but d'entraîner le soldat, de lui faire parcourir l'ensemble de ses classes en le familiarisant avec tous leurs détails; en même temps, elle développe chez lui l'esprit martial et lui inculque la discipline militaire; elle crée, en un mot, les bases nécessaires à l'instruction d'une unité.

17. L'instructeur doit se montrer particulièrement correct dans son attitude et son costume: son exemple produit une grande impression et une influence sérieuse sur le soldat. L'instructeur doit veiller à ce que le soldat consacre toute son attention à l'instruction.

L'instructeur doit faire usage des termes les plus simples dans ses explications.

18. Au cours de l'instruction, il est essentiel d'enseigner aux hommes et de leur faire comprendre par des exemples pratiques son but et son esprit; autrement, l'exercice dégénèrera en pur formalisme et pourra même perdre toute utilité en vue du combat.

19. Il est difficile d'extirper du soldat une mauvaise habitude contractée à l'instruction individuelle. Il n'est pas moins difficile de remédier, dans l'instruction d'ensemble d'une unité, à des imperfections qui datent de l'instruction individuelle. On conduira donc celle-ci d'une manière détaillée et stricte; on décomposera s'il le faut les mouvements, pour en expliquer chaque temps avec soin et paticmment, sans passer au suivant avant que le soldat n'ait bien compris.

20. Les méthodes d'instruction doivent naturellement varier en raison des capacités mentales et physiques des sujets, on ne doit pas viser à obtenir des virtuoses; l'habileté complète suffit; on y arrive avec des instructeurs soigneux et des soldats patients devant les répétitions. L'instruction individuelle doit être reprise sans cesse pendant tout le cours de l'instruction.

21. La nuit, le soldat doit se montrer particulièrement alerte et calme, apte à exécuter avec précision un mouvement prescrit par tel ou tel signe; il faut donc lui faire répéter fréquemment la nuit tous les actes individuels qu'il peut avoir à accomplir, et l'y exercer jusqu'à la perfection.

Exercices sans armes

Position de l'immobilité.

L'immobilité est la position fondamentale du soldat; elle doit donc être stricte et correcte. Chez l'homme imbu d'esprit martial, l'apparence extérieure devient naturellement stricte et correcte.

Pour placer le soldat dans la position de l'immobilité, on commande :

ATTENTION ! — (Jap. *Ki-wo-tsuke !*)

Joindre les talons sur la même ligne, les pieds ouverts à environ 60 degrés et également tournés en dehors, les genoux tendus sans les raidir, le haut du corps d'aplomb sur les hanches et légèrement penché en avant, les bras pendant naturellement, la paume de la main touchant la cuisse, les doigts allongés et joints, celui du milieu placé sur la couture du pantalon, la tête droite, la bouche fermée, les yeux largement ouverts regardant droit en avant.

Pour faire reposer le soldat, on commande :

REPOS ! — (*Yasume!*)

Avancer le pied gauche en laissant le droit à sa place, et se reposer sans observer la position ni l'immobilité. Il est interdit de parler, même pendant les moments de repos.

A DROITE (gauche), DEMI A DROITE (gauche)
DEMI-TOUR

Pour faire tourner le soldat à droite (gauche), ou demi à droite (gauche), on commande :

TOURNEZ A DROITE (gauche). — *Migi* (*hidari*)...

muke, ou TOURNEZ DEMI A DROITE (gauche). — *Nakaba migi* (*hidari*)... *muke*.

Soulever légèrement le bout du pied gauche et tourner sur le talon à droite (gauche) de 90 ou 45 degrés; replacer le talon droit à côté du gauche et sur la même ligne.

Pour faire faire demi-tour, on commande :

DEMI-TOUR-DROITE. — *Maware-migi*

Porter le pied droit en arrière sans le changer de direction, et le poser, le bout légèrement écarté du talon du pied gauche; soulever légèrement le bout des pieds, et sans plier les jarrets, faire face en arrière en tournant sur les deux talons; ramener ensuite le talon droit à côté du gauche.

Marche

26. La marche doit être exécutée avec dignité et détermination.

Au pas accéléré (Jap. *Hayaashi*), la longueur du pas est de 75 c/m de talon à talon, et la cadence est de 114 pas à la minute.

Pour faire prendre le pas accéléré, on commande :

EN AVANT-MARCHE ! — *Mae-ye... susume !*

Elever légèrement la cuisse gauche et lancer la jambe en avant, la pointe du pied un peu en dehors; pencher le haut du corps légèrement en avant, et, la jambe étendue, poser le pied à terre à 75 centimètres du droit, sans affecter de frapper le sol. En même temps que le pied gauche se pose à terre, soulever le talon droit. Lancer la jambe droite en avant comme il a été prescrit pour la gauche, et placer le pied à la même distance. Puis continuer à marcher sans croiser les pieds, sans élever les genoux plus haut qu'il n'est nécessaire, sans tourner les épaules, en gardant la tête directe, les bras se balançant naturellement.

27. Pour relâcher l'homme de sa rigidité pendant la marche au pas accéléré, on commande :

ROMPEZ LE PAS. — *Hocho-yame*

Marcher sans s'astreindre au pas réglementaire, mais en observant sa longueur et sa cadence, sans déranger sa position.

Pour reprendre le pas règlementaire, on commande :

AU PAS. — *Hocho-tore*

28. Pour arrêter le soldat, on commande :

ESCOUADE-HALTE ! — *Buntai-tomare!*

Rapporter le pied qui est en arrière à côté de celui qui est en avant, et s'arrêter.

29. Pour faire marquer le pas, on commande:

MARQUEZ LE PAS-MARCHE ! — *Ashibumi-susume!*

Sans avancer, marquer la cadence avec les deux pieds en les posant alternativement à terre, les genoux légèrement ployés.

Pour faire reprendre la marche, on fait le commandement suivant, le commandement d'exécution étant généralement prononcé au moment où le pied gauche va toucher terre:

EN AVANT-MARCHE ! — *Mae-ye... susume!*

30. Pour tourner à droite (gauche) pendant la marche, on fait le commandement suivant, le commandement d'exécution étant généralement prononcé au moment où le pied droit (gauche) va toucher terre :

TOURNEZ A DROITE (gauche), EN AVANT-MARCHE!
Migi (hidari) muke mae ye-susume!

Poser le pied gauche (droit) à terre devant soi, tourner à droite (gauche) sur la pointe de ce pied, et marcher dans la nouvelle direction en commençant du pied droit (gauche).

31. Pour exécuter la marche oblique, on fait le commandement suivant, le commandement d'exécution étant généralement prononcé au moment où le pied droit (gauche) va toucher terre :

OBLIQUE A DROITE (gauche) -MARCHE!
Naname ni migi (hidari) ye-susume!

Si l'on est en marche, placer le pied gauche (droit) à terre devant soi; tourner sur la pointe de ce pied demi à droite (gauche), marcher dans la nouvelle direction en commençant du pied droit (gauche).

Si l'on veut exécuter la marche oblique en partant de la halte, commencer par faire le demi à droite (gauche) puis marcher dans la nouvelle direction en commençant du pied gauche.

Pour reprendre la marche directe, on commande:

OBLIQUE A GAUCHE (droite)-MARCHE!
Naname ni hidari (migi) ye-susume!

Reprendre la marche directe de la même manière que pour prendre la marche oblique.

32. Pour exécuter le demi-tour en marchant, on fait le commandement suivant, le commandement d'exécution étant habituellement prononcé au moment où le pied droit va toucher terre:

DEMI-TOUR A DROITE-HALTE!
Maware migi ye-tomare!

ou DEMI-TOUR A DROITE-MARCHE!
Maware migi ye mae ye-susume!

Poser le pied gauche à terre et faire face en

arrière en tournant sur la pointe de ce pied, rapporter le pied à côté du gauche, puis rester immobile ou reprendre la marche en commençant du pied gauche.

33. La longueur du PAS GYMNASTIQUE (Jap. *Kakeashi*) est de 85 centimètres et sa cadence normale est de 170 pas par minute.

Le commandement est :

PAS GYMNASTIQUE-MARCHE! — *Kakeashi-susume!*

Au commandement préparatoire, fermer les poings et les placer à hauteur des hanches, les coudes en arrière.

Au commandement d'exécution, avancer la jambe gauche de la manière suivante: les deux jambes légèrement ployées, élever un peu la cuisse gauche, puis l'abaisser, en même temps que le pied se pose à terre la pointe la première, à 85 centimètres du pied droit. Porter alors la jambe droite en avant comme il est prescrit pour la gauche. Porter toujours le poids du corps sur le pied qui pose à terre, et continuer ainsi, les bras se balançant naturellement.

Au commandement: ESCOUADE-HALTE! (*Buntai-tomare!*), parcourir encore deux pas, s'arrêter comme il est prescrit pour le pas accéléré, et laisser tomber les mains.

Pour passer du pas gymnastique au pas accéléré, le commandement est le suivant :

PAS ACCÉLÉRÉ-MARCHE! — *Hayaashi-susume!*

Après avoir parcouru deux pas, reprendre le pas accéléré en laissant retomber les mains, et continuer à marcher.

34. Tous les mouvements du pas accéléré s'exécutent au pas gymnastique, avec la différence que le *demi-tour* s'effectue après avoir parcouru encore deux pas, et que, pour *marquer le pas, tourner à droite* (gauche), et la *marche oblique,* le commandement d'exécution se prononce généralement un pas plus tôt qu'au pas accéléré.

Quand on marque le pas, au commandement de EN AVANT-MARCHE! (*Mae ye-susume!*), reprendre le pas gymnastique.

Exercices avec l'arme

Position de l'immobilité (du soldat reposé sur l'arme).

35. Pour prendre la position de l'immobilité (du soldat reposé sur l'arme), le commandement est :

ATTENTION! — *Ki wo tsuke!*

Prendre la position de l'immobilité en tenant le fusil de la main droite de la manière suivante : le poignet dans sa position naturelle, l'arme entre le pouce et l'index, les autres doigts joints à l'index et légèrement fléchis le long du fût. Le canon en arrière et vertical, à une main (10 c/m.) du bras droit, le talon de la crosse contre la pointe du pied droit.

36. Pour se reposer sous les armes, se conformer à l'Art. 23, en ayant soin de tenir l'arme sans que le guidon frotte.

A DROITE (gauche), DEMI A DROITE (gauche)
DEMI-TOUR

37. Le soldat étant reposé sur l'arme, pour exécuter ces divers mouvements, soulever légèrement l'arme de la main droite, qui est placée à la hanche, le petit doigt derrière le canon, au-dessus du garde-main (*mokuhi*, revêtement de bois). Reposer le fusil à terre, sitôt le mouvement achevé.

Passer de la position du soldat ***reposé sur l'arme*** à l'***arme sur l'épaule,*** et réciproquement.

38. Ces mouvements demandent une précision absolue des bras et des mains; leur cadence est celle du pas accéléré.

39. Pour passer de la position du soldat reposé sur l'arme à l'arme sur l'épaule, on commande :

L'ARME SUR L'ÉPAULE! — *Ninae-tsutsu!*

Premier Temps. — Elever l'arme de la main

droite, le poignet à hauteur de l'épaule, le canon à droite et vertical; la saisir en même temps avec la main gauche, le coude baissé et touchant légèrement le corps.

Deuxième Temps. — Elever légèrement l'arme avec la main gauche, en tournant le canon à demi en avant; allonger le bras droit et saisir la crosse entre l'index et le médius.

Troisième Temps. — Apporter l'arme avec la main droite contre l'épaule droite, le canon en dessus, la main gauche sur le verrou de la culasse, le coude droit au corps, l'anneau de la crosse à environ une main du corps, le fusil parallèle à la ligne des boutons de la veste, la poignée du verrou à hauteur du milieu de l'intervalle entre les premier et deuxième boutons.

Quatrième Temps. — Laisser tomber la main gauche.

40. Pour revenir de l'arme sur l'épaule à la position de l'arme au pied, on commande:

REPOSEZ-ARME! — *Tate-tsutsu!*

Premier Temps. — Allonger le bras droit en abaissant l'arme, le canon à demi tourné à droite et vertical; saisir le fusil de la main gauche au-dessous de la hausse, le coude abaissé et touchant le corps.

Deuxième Temps. — Abaisser l'arme avec la main gauche, le canon à droite, la saisir au garde-main avec la main droite, le poignet vis-à-vis de l'épaule.

Troisième Temps. — Abaisser l'arme, le canon en arrière, la main droite à la hanche, le petit doigt sur le garde-main, laisser tomber la main gauche.

Quatrième Temps. — Poser doucement la crosse à terre.

Mettre et retirer la baïonnette

41. Les mouvements de mettre et de retirer la baïonnette s'exécutent dans toutes les positions, pendant la halte comme en marche. On doit y apporter la plus grande attention.

42. Pour mettre la baïonnette, on commande:

BAÏONNETTE AU CANON! — *Tsuke-ken!*

Etant l'arme au pied, incliner le fusil à gauche avec la main droite, le canon légèrement tourné à droite, sa bouche vis-à-vis du milieu du corps; porter la main gauche retournée à la poignée de la baïonnette, tirer celle-ci et la fixer au bout du canon; redresser l'arme avec les deux mains et reprendre la position du soldat reposé sur l'arme.

43. Pour remettre la baïonnette, on commande:

RETIREZ LA BAÏONNETTE! — *Tore ken!*

Etant dans la position du soldat reposé sur l'arme, incliner le canon à gauche avec la main droite, et saisir de la main gauche la poignée de la baïonnette. Remonter la main droite et appuyer avec le pouce sur le bouton de retenue. Retirer la baïonnette avec la main gauche, la renverser à droite, saisir la lame entre l'index et le médius, d'une part et le pouce de l'autre, la pointe tournée vers le sol, le canon maintenu entre les autres doigts; retourner la main gauche en saisissant la poignée de la baïonnette, enfoncer celle-ci complètement dans le fourreau; ressaisir l'arme de la main gauche au-dessous de la main droite, et replacer celle-ci au garde-main; redresser l'arme des deux mains et reprendre la position du soldat reposé sur l'arme.

Charger et décharger l'arme

44. Le mouvement de charger s'exécute en général pendant l'arrêt.

Il faut, par des exercices fréquents, rendre le soldat parfaitement expert au chargement, et apte à l'exécuter avec précision et rapidité en toute posture et dans toutes les circonstances.

45. Pour charger, on commande :

CHARGEZ L'ARME! — *Tama wo kome!*

Le soldat étant reposé sur l'arme, garder la tête directe, faire un demi à droite, écarter le pied droit du gauche d'environ un demi-pas vers la droite, le pied restant dans la nouvelle direction. Elever en même temps avec la main droite en l'inclinant en avant et la saisir de la main gauche près du centre de gravité, le coude au corps, les doigts dans la rainure du fût, la bouche du canon à la hauteur des yeux. Le nez (bec) de la crosse un peu au-dessous du téton droit, la crosse serrée contre le corps.

Saisir la poignée du verrou par en dessous, avec la main droite et la redresser en tirant le verrou en arrière de toute sa longueur; détacher la patte de cuir du couvercle de la cartouchière, et ouvrir celle-ci; prendre avec soin les munitions et les introduire dans la fente destinée à recevoir les chargeurs, les balles en avant; presser du pouce la partie arrière des cartouches et les introduire dans le magasin.

Saisir ensuite la poignée du verrou et fermer la culasse; mettre l'arme au cran de sûreté en pressant l'arrêt du percuteur et en le tournant de 90° à droite avec la paume de la main (dans le fusil du modèle de la 30e année (1897), on tire le chien en arrière avec l'index et on le tourne de 90° à droite).

Regarder droit devant soi, fermer le couvercle de la cartouchière en rattachant sa patte de cuir; saisir le fusil au garde-main, revenir face en avant en rapprochant le pied droit du gauche, et reprendre la position du soldat reposé sur l'arme.

46. Pour décharger, le commandement est le suivant :

DÉCHARGEZ L'ARME! — *Tana wo nuke!*

Si l'on est l'arme au pied, prendre la position du chargement, détacher la patte du couvercle de la cartouchière et ouvrir celle-ci; presser avec soin de la paume de la main l'arrêt du percuteur et le tourner à gauche (avec le fusil du modèle de la 30e année, tirer le chien en arrière avec l'index et le tourner de 90° à gauche). L'arme prête pour le tir, amener la main gauche sous la boîte de culasse (Jap. *Bito*), les quatre doigts allongés vis-à-vis de l'ouverture carrée; puis, en poussant et en ramenant doucement la culasse d'avant en arrière, extraire les munitions, que l'on replace dans la cartouchière. Quand toutes les cartouches sont sorties, fermer la culasse en appuyant sur le transporteur du magasin avec le médius et l'annulaire de la main gauche; appuyer sur la détente, ramener les yeux en avant, fermer le couvercle de la cartouchière, rattacher sa patte de cuir, et reprendre la position du soldat reposé sur l'arme comme il est prescrit dans l'Art. 45.

Feux

47. Pour prendre une position de tir, on commande :

FEU DEBOUT (à genou ou couché), PRÉPAREZ-

ARME! — *Tachiuchi (hizauchi, neuchi) no kamae-tsutsu!*

Si l'on est l'arme au pied, pour prendre la position du tireur debout, préparer l'arme à tirer comme dans le chargement et saisir la poignée de la crosse avec la main droite.

Si l'on est l'arme au pied, pour prendre la position du tireur à genou, faire un demi à droite et reculer la pointe du pied droit à environ un demi-pas en arrière du talon gauche, sur le prolongement du pied gauche, et ramener le fourreau de la baïonnette en avant avec la main gauche. Appliquer la jambe droite à plat sur le sol (1) presque à angle droit avec la direction du pied gauche; reposer les fesses sur le pied droit, la jambe gauche restant verticale. En même temps, incliner le fusil en avant avec la main droite et le saisir de la main gauche comme dans la position du tireur debout, l'avant-bras reposant sur le genou gauche, la plaque de couche appuyée à l'intérieur de la cuisse droite. Saisir l'arme à la poignée avec la main droite, le haut du corps restant vertical dans sa position naturelle.

Si l'on est dans la position de l'arme au pied, pour prendre la position du tireur couché, faire un demi à droite tout en rejetant les cartouchières vers la droite et vers la gauche avec la main

(1) Dans la vie civile, le Japonais est habitué depuis l'enfance à s'asseoir sur la natte, les pieds repliés sous les fesses.

gauche; porter la crosse à environ un pas en avant et la poser à terre; mettre les deux genoux à terre dans leur direction respective; porter la main gauche en avant et la poser à terre; se coucher, la partie supérieure du corps faisant un angle d'environ 30° avec la direction du tir; tenir l'arme comme dans la position du tireur debout, la poignée de la crosse assez en avant du menton, les coudes appuyés sur le sol.

Dans toutes les positions, garder la tête dans sa direction primitive; tenir la bouche du canon à hauteur des yeux; disposer l'arme pour le tir, placer l'index de la main droite à l'intérieur du pontet, et allongé. Si l'arme n'est pas chargée, la charger immédiatement après avoir pris la position préparatoire.

48. Le soldat doit être assez familier avec les feux pour pouvoir les exécuter convenablement en toute circonstance. Epauler, viser, tirer et employer les hausses comme il est prescrit dans l'instruction sur le tir de l'infanterie.

Le point à viser est toujours la limite inférieure du but, à moins qu'il n'en soit ordonné autrement.

49. Pour interrompre le feu, on commande :

RETENEZ LE FEU! — *Uchikata mate!*

Ramener l'arme dans la position préparatoire et se tenir prêt à reprendre le feu.

50. Pour cesser le feu, on commande :

CESSEZ LE FEU ! — *Uchikata yame!*

Remettre le percuteur à la position de sûreté, fermer la cartouchière en rattachant sa patte de cuir, replacer la hausse. Pour le tireur debout, reprendre la position du soldat reposé sur l'arme comme après le mouvement de charger, Art. 45.

Pour le tireur à genou, revenir à la position du soldat reposé sur l'arme: pour cela, saisir le fusil au garde-main avec la main droite, se lever, et ramener le pied droit à côté du gauche en se remettant face à la direction primitive.

Pour le tireur couché, se relever en exécutant les mouvements dans l'ordre inverse de ceux qui ont été décrits plus haut.

Marche

51. Au pas accéléré avec l'arme, se mettre en marche en mettant l'arme sur l'épaule au commandement de *Marche!* Au pas gymnastique, mettre l'arme sur l'épaule au commandement préparatoire, et saisir le fourreau de la baïonnette.

Au commandement d'exécution de *Halte!* s'arrêter et reposer l'arme.

Pour marcher sans mettre l'arme sur l'épaule, la soulever légèrement de la main droite et l'appuyer à la hanche, le petit doigt sur le garde main. Si l'on prend le pas gymnastique, saisir le fourreau de la baïonnette. Après l'arrêt, reprendre la position du soldat reposé sur l'arme.

52. Pour s'agenouiller ou se coucher, le commandement est le suivant :

A GENOU ! — *Orishike!*

ou COUCHEZ-VOUS ! — *Fuse!*

Etant en marche :

Pour s'*agenouiller*, avancer le pied gauche et attirer le fourreau de la baïonnette en avant avec la main gauche; appliquer la jambe droite à terre et placer les fesses sur le pied droit, tout en abaissant l'arme comme dans le mouvement de Reposez arme; le fusil vertical en avant du genou droit, le canon en arrière, l'arme maintenue de la main droite au garde-main, l'avant-bras gauche reposant sur le genou comme dans la position du tireur à genou.

Pour se *coucher*, s'arrêter et reposer l'arme, se coucher comme il a été prescrit pour la position du tireur couché, placer le fusil, le garde-main sur l'avant-bras gauche, la poignée de la culasse en l'air.

53. Pour se relever, étant agenouillé ou couché, le commandement est :

DEBOUT ! — *Tate!*

Se relever comme il est prescrit Art. 50, et reprendre la position du soldat reposé sur l'arme.

Si la marche doit être reprise immédiatement, se lever au commandement de EN AVANT! ou de PAS GYMNASTIQUE, et marcher comme il est prescrit Art. 51.

La charge (assaut)

54. On exécute la charge au commandement suivant, après avoir mis baïonnette au canon:

POUR LA CHARGE-MARCHE!

Totsugeki ni-susume!

Au commandement préparatoire, saisir l'arme de la main droite au garde-main; si on a l'arme sur l'épaule, l'abaisser comme il est prescrit Art. 40. Maintenir la crosse un peu au-dessus du sol, la bouche du fusil à peu près en face de l'épaule droite; saisir le fourreau de la baïonnette avec la main gauche.

Au commandement d'exécution, se porter en avant d'après les principes prescrits pour le pas gymnastique.

Au commandement: CHARGEZ! — *Tsukikome!* crier de toute sa voix, se jeter sur l'ennemi avec fureur et résolument, et combattre corps-à-corps.

A l'exercice, on fait le commandement de *Halte!* avant le corps-à-corps. Les soldats s'arrêtent et prennent la position de l'arme au pied.

Le tirailleur

PRINCIPES

55. Le but de l'école du tirailleur est de familiariser le soldat, élément de la chaîne, avec ses devoirs de tirailleur, à savoir: marcher, s'arrêter, faire feu, enfin charger, en utilisant au mieux la configuration du terrain; cette instruction doit de plus entretenir chez lui l'esprit d'offensive.

56. Les devoirs du tirailleur sont importants. L'école du tirailleur commencera donc dès que les recrues seront à peu près au courant de l'instruction avec l'arme. On devra d'abord employer un certain nombre d'hommes exercés, sur un terrain facile, pour faire comprendre aux recrues par leur exemple les principes de l'ordre ouvert (*san-kai*, extension) et de la pratique du tirailleur.

57. On doit laisser au tirailleur toute liberté pour se placer, prendre la position de tir, et faire usage de son arme; on lui facilitera ainsi l'exécution de sa mission. Il lui faut faire travailler activement ses yeux et ses oreilles, être attentif à la fois à l'ennemi et à son propre officier, acquérir la plus grande adresse à se servir du terrain et des objets qui s'y trouvent, comme à employer son fusil; il lui faut enfin devenir capable d'apprécier instantanément les circonstances et de se comporter en conséquence, de sa propre initiative.

58. L'essentiel, en utilisant les accidents du

sol, est de considérer d'abord les facilités qu'ils donnent au feu, et ensuite leur valeur comme couverts. On exercera donc le soldat à juger du premier coup les avantages ou les désavantages d'un terrain, et à en tirer un parti judicieux.

Pour faire comprendre aux tirailleurs la valeur du couvert, il est bon de les opposer les uns aux autres à l'instruction.

Marches, arrêts

59. Le tirailleur marche habituellement à l'allure du pas accéléré.

Le tirailleur doit constamment avoir l'arme au cran de sûreté, la hausse rabattue, la cartouchière fermée par la patte de cuir, l'arme à la main avec la bouche du canon relevée; il se déplace à l'allure convenable.

60. Le tirailleur doit devenir habile à franchir les obstacles, à progresser sous les couverts et à tirer le meilleur parti des objets du sol en modifiant sa posture ou en ployant le corps. Pourtant, la plupart du temps, il y a avantage à s'avancer tout droit : en se rapprochant vivement de l'ennemi, on peut arriver à se servir avantageusement de son arme, et on raccourcit le temps pendant lequel on sera exposé au feu.

61. En s'arrêtant, le tirailleur choisira un emplacement où son arme ait le maximum d'effet utile; il s'occupera ensuite d'un couvert pour son

corps, mais cette dernière considération ne devra pas le conduire à hésiter, au moment de s'arrêter.

62. Lorsque le tirailleur s'arrête, il choisit sa position de tir en raison de la configuration du sol; faute de couvert, il se couche généralement; il dispose son arme pour le tir, et la charge immédiatement si cela n'a déjà été fait.

63. Pour avancer ou reculer, on commande :

EN AVANT! ou EN ARRIÈRE! — *Mae ye!* ou *Ato ye!*

Pour marcher obliquement, on commande:

OBLIQUE A DROITE (gauche) !
Naname ni migi (hidari) ye!

Pour reprendre la marche directe, on commande :

OBLIQUE A GAUCHE (droite)!

Pour accélérer l'allure, on commande :

PAS GYMNASTIQUE-MARCHE!

Au commandement de *pas gymnastique,* le tirailleur met son fusil au cran de sûreté, rabat la hausse, ferme sa cartouchière en rattachant la patte de cuir, et se tient prêt à marcher.

Au commandement de *marche,* le tirailleur se porte immédiatement en avant au pas gymnastique.

Pendant la marche, on ne prononce que les commandements de *pas gymnastique* ou de *pas accéléré*, suivant le cas, pour accélérer l'allure ou revenir à l'allure inférieure.

Pour arrêter le tirailleur, on commande: *halte!*

Le tirailleur s'arrête, toujours face à l'ennemi.

Feux

64. Les feux s'exécutent à l'arrêt. L'emploi de telle ou telle position de tireur dépend du physique de chaque individu, de la configuration du terrain, de la nature de l'objectif et, plus spécialement, des conditions du combat.

Les résultats à attendre du feu ne dépendent généralement pas de son extrême rapidité; il faut les rechercher dans l'observation de toutes les règles de tir, et particulièrement de la précision dans la visée, du calme dans l'action de faire feu.

Les points les plus importants auxquels on doive exercer le tirailleur sont les suivants : placer correctement la hausse, pointer l'arme avec rapidité et précision, et plus spécialement, distinguer vivement l'objectif et le mettre en joue, même lorsqu'il est à peine visible.

65. En appuyant l'arme sur un objet du sol, on augmente sensiblement l'effet du feu. On ne dédaignera donc point d'utiliser une simple motte de terre.

Dans le tir debout ou à genou derrière un arbre, appuyer l'avant-bras gauche contre le tronc.

Dans le tir derrière un parapet, appuyer le côté gauche du corps ou la poitrine contre le talus intérieur, placer le coude gauche ou les deux coudes sur l'appuie-coude, l'arme reposant sur le parapet. En pareil cas, il est judicieux de tirer en tenant la crosse de la main gauche, qui l'applique contre l'épaule, le pouce à l'intérieur, les quatre autres doigts à l'extérieur, la main droite saisissant fortement l'arme à la poignée.

66. Dans le tir à genou, il est quelquefois nécessaire de redresser la pointe du pied droit et de s'asseoir sur le talon de ce pied, ou de soulever les fesses de dessus le pied droit (ou son talon), ou de placer les deux genoux en terre en les écartant, ou de s'asseoir par terre, les pieds en avant, ou de placer la paume de la main gauche renversée contre le pontet, ou de séparer le coude gauche du genou, comme dans la position du tireur debout.

CHAPITRE II

INSTRUCTION DE LA COMPAGNIE

RÈGLES IMPORTANTES

La compagnie (*chutai*) est l'unité combattante: avec son chef au centre, elle réalise le maximum de concentration de l'esprit martial de la troupe (1). Il en résulte que le but principal de l'instruction de la compagnie est d'amener cette unité à exécuter avec ordre et précision les mouvements prescrits, en agissant comme un seul corps d'après les commandements ou les ordres de son chef, et en toute circonstance. Avec un bon dressage basé sur ce principe, la compagnie peut répondre à l'attente de son chef, en faisant un emploi judicieux et conforme à ses vues, des dispositifs réglementaires, alors même qu'il se présente un cas nouveau.

68. Pour préparer les voies à l'instruction de la compagnie, on dressera les files (*go*), escouades (*buntai*) et sections (*shotai*) conformément aux prescriptions du présent chapitre.

Toutefois, on remplacera dans les commande-

(1) Littéralement: elle est la pierre angulaire de l'union de l'esprit martial des troupes.

ments le mot compagnie par le mot escouade ou section.

69. Pour l'instruction en ordre dispersé (*san-kai kyoren*), on ne fera au début que de petits groupements d'hommes, et on les renforcera progressivement.

Dans l'instruction en ordre serré (*misshu kio-ren*), il n'y a pas d'inconvénient à ce que les chefs de section, en cas de nécessité, avertissent à voix basse leur section du mouvement qu'elle va exécuter.

70. Tous les mouvements indiqués dans le présent chapitre s'appliquent au cas de l'unité faisant face en avant. Quant aux mouvements face en arrière, il suffit de les exécuter d'une manière analogue, la troupe en connaissant le principe.

Ordre serré

ORGANISATION

71. La compagnie se divise en trois sections commandées par un premier ou second lieutenant (*chu-i, sho-i*).

Si l'effectif total n'est pas divisible par trois, on retranche un homme de la troisième section, puis, s'il le faut, de la deuxième.

La section est disposée sur deux rangs, par ordre de taille. Un couple de soldats placés l'un derrière l'autre s'appelle une file (*go*). Si les hommes sont en nombre impair, la gauche du second rang présente un vide, et le dernier homme constitue une file creuse (*ketsugo*).

L'homme du second rang se place exactement derrière celui du premier rang et à 75 centimètres à compter de son dos ou de son havre-sac; il fait face dans la même direction.

L'intervalle entre les hommes est tel que le coude de chacun touche légèrement le bras droit de son voisin de gauche, en plaçant le poing gauche sur la hanche, le coude de côté.

Les files de la section se numérotent au premier rang et de la droite à la gauche; c'est ainsi que se détermine le front de la section.

La section se divise en un certain nombre d'escouades commandées chacune par un sergent ou caporal (1) (*gunso, gocho*). Les escouades sont numérotées de la droite à la gauche et comprennent de quatre à huit files.

La section est encadrée par un chef d'escouade à chaque aile. Les autres chefs d'escouade se placent derrière la file du centre de leur escouade, à deux pas du second rang, et sont dits serre-files (*ogo*).

(1) Nous employons le terme de caporal pour plus de clarté; en réalité, il y a dans l'armée japonaise trois grades de sous-officiers: *gocho* (caporal), *gunso* (sergent), *socho* (sergent-major). L'adjudant, dit *tokumu-socho* (sergent-major spécial) ou quelquefois *junshikwan* (enseigne), a une situation supérieure à celle de l'homme de troupe.

judant (*tokumu socho*) ou par le plus ancien sous-officier (*kashi*), sous-officier), et, faute de sous-officier, par un *jotohei* (1).

Formations (*Misshu taikei*)

72. Une formation en ordre serré renforce la cohésion de la troupe et facilite l'exercice du commandement. On stationne et on manœuvre dans cette formation quand le feu de l'ennemi manque d'efficacité. De même, on l'adopte parfois au moment décisif de l'action, sur la ligne de combat, pour mettre à profit la force produite par l'union de la troupe.

73. Les formations en ordre serré se divisent en formations normales et formations « appliquées ». Les formations normales comportent une exécution pleine d'ordre et de précision, de nature à développer les qualités essentielles de l'ordre serré. Le but des formations « appliquées » est leur emploi rapide et pratique.

74. La formation normale de la compagnie est la colonne de section (*chutai-jutai*) (1).

---

(1) Nous emploierons le terme de *jotohei* pour désigner le soldat supérieur (analogue au *gefreite* allemand) qui joue généralement dans l'armée japonaise le rôle de caporal. Les *jotohei* sont souvent des engagés volontaires candidats officiers, qui ont six mois de service.

Colonne de Sections

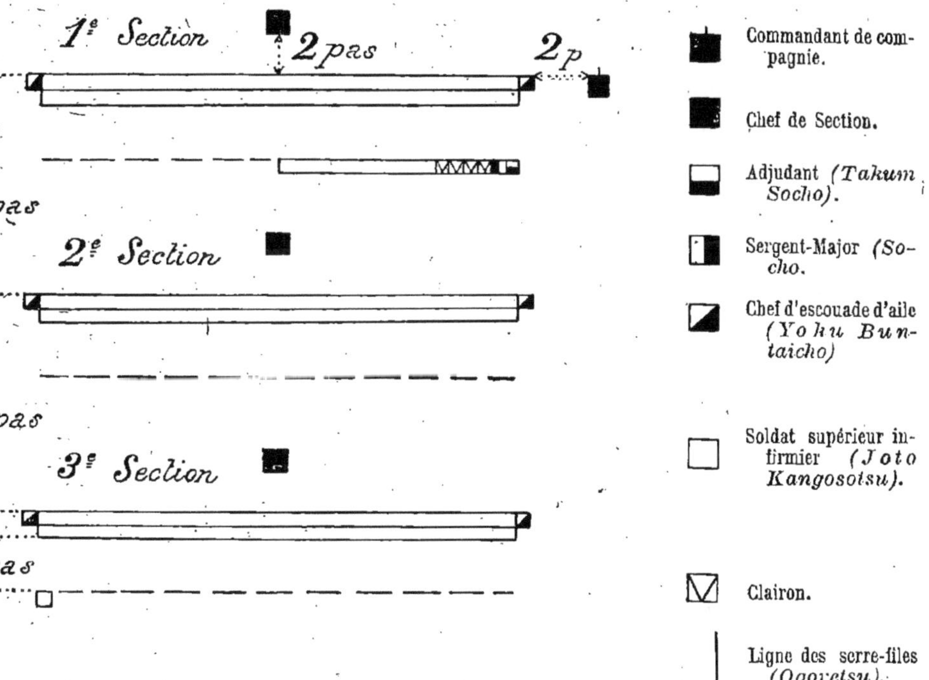

Suivant les circonstances, la distance de huit pas est modifiée, les sections se placent l'une derrière l'autre sans tenir compte de leur numéro propre; les sections peuvent se former sur un rang.

L'adjudant, le sergent-major et les clairons marchent toujours avec la première section.

75. Les formations appliquées de la compagnie sont en général la ligne de colonnes de sec-

tions (*heiritsu jutai*), la ligne déployée (*otai*), et la colonne par le flanc.

On forme la ligne de colonnes de sections en faisant faire par le flanc à la colonne de sections.

On forme la ligne en juxtaposant les trois sections sur une même ligne.

On forme la colonne par le flanc en faisant faire par le flanc à la compagnie en ligne.

Alignements

Le chef de section se place du côté extérieur de son chef d'escouade de tête, dans le cas de la ligne de colonnes de sections et de la colonne par le flanc, et à deux pas devant le centre de sa section, dans le cas de la compagnie en ligne.

76. Si l'alignement est parfait, le soldat placé correctement dans la ligne et tournant la tête à droite (gauche) pourra voir son voisin de droite (gauche) avec l'œil droit (gauche) et tout l'ensemble de la ligne avec l'autre œil.

Le soldat se plaçant sur l'alignement doit garder une position correcte, sans porter la tête, les
Si l'officier manque, sa place est prise par l'ad-
épaules ou le haut du corps en avant ou en arrière du rang. Si l'homme a les pieds mal placés, ses épaules ne sont forcément pas sur l'alignement, et ce défaut se répercute nécessairement sur ses voisins.

77. Pour aligner la colonne de sections, le capitaine commande :

GUIDES, (tant de) PAS EN AVANT!

Kyodo (nan) po mae ye!

Les chefs d'escouades d'aile de la section de tête s'avancent l'arme basse. Le commandant de compagnie rectifie leur position. Il commande ensuite :

A DROITE (gauche) ...ALIGNEMENT!

Migi (hidari) ye ...narae!

FIXE! (Litt.: les yeux en avant!) — *...Naore!*

Au commandement d'exécution *narae!*, les hommes s'avancent l'arme basse en raccourcissant le dernier pas de manière à s'arrêter un peu en arrière de l'alignement. Ils tournent alors la tête à droite (gauche) et se portent progressivement sur l'alignement sans plier les genoux, et à petits pas, puis ils posent la crosse à terre.

Les hommes du second rang et les serre-files (*ogoretsu*) se placent exactement derrière le soldat qui les précède, prennent leur distance par rapport à lui, et s'alignent à droite (gauche).

Le chef d'escouade du côté de l'alignement (*seiton yoku*) commence par rectifier la position de ses voisins immédiats, en prenant comme direction le chef d'escouade de l'aile opposée, et établit vivement la base d'alignement; s'il le faut, il corrige successivement l'alignement des autres hommes. Le chef d'escouade de l'aile opposée aide s'il le faut à l'alignement, en rectifiant la position de ses voisins immédiats.

Dans les sections subordonnées, le chef d'escouade du côté de l'alignement prend la distance voulue et se place exactement derrière le chef d'escouade de la section précédente.

Au commandement de *fixe!* la compagnie replace la tête directe.

Pour aligner la compagnie sur place, on fait simplement les commandements de *à droite* (gauche) *...alignement!* et de *fixe!*

L'arme sur l'épaule, reposer l'arme mettre et retirer la baïonnette charger et décharger l'arme

78. Les mouvements de mettre l'arme sur l'épaule et de reposer l'arme sont exécutés par toute la compagnie avec ensemble, tandis que ceux de mettre et de retirer la baïonnette s'effectuent individuellement.

Pour charger l'arme, les hommes du second rang appuient d'environ un pas à droite, et reprennent leur place, la manœuvre achevée. Même mouvement pour décharger l'arme.

Feux

79. Dans la compagnie, le feu s'exécute généralement par section; on indique s'il le faut aux sections leur emplacement.

80. Avant l'exécution du feu, on indique la direction, l'objectif, la position du tireur, la hausse, et, si c'est nécessaire, le point à viser.

Le front sera autant que possible perpendiculaire à la direction du but; on rectifiera donc en conséquence la direction de la compagnie.

Dans les feux debout, le chef d'escouade d'aile droite fait un demi à droite, le chef d'escouade d'aile gauche et les serre-files ne bougent pas.

Dans les feux à genou (ou couché), les chefs d'escouade d'ailes et tous les serre-files prennent la position du tireur, mais sans mettre en joue.

Le feu couché se fait en général sur un rang.

81. Au commandement *feu debout* (à genou), *préparez arme!*, les hommes du second rang se placent comme pour charger.

Si les serre-files sont en avant, ils passent derrière le second rang.

82. Les feux se divisent en *salves* (*issei shageki*) et feu *individuel* (*kakko shageki*).

Pour l'exécution du feu de salve, par exemple, on commande :

Objectif : la troupe en ordre serré près du pin isolé... FEU DEBOUT (à genou, couché), PRÉPAREZ ARME! 1.200 (mètres)! (ou 1.100 et 1.200 mètres),

JOUE! (litt.: VISEZ!) — *Ne!*

FEU! — *Te!*

Au commandement de *ne,* mettre en joue; au commandement de *te,* faire feu, reprendre la position du tireur et préparer l'arme pour le prochain tir.

On fait continuer le feu par les commandements de *joue!* et de *feu!*

Pour l'exécution du feu individuel, par exemple, on commande :

Sur l'artillerie qui vient d'apparaître à droite du bois, FEU DEBOUT (à genou, couché), PRÉPAREZ ARME! 900 (sous entendu mètres), 700, 400, etc.

FEU INDIVIDUEL! — *Kako ni ute!*

Les hommes exécutent le feu individuellement. Le feu cessé, le chef d'escouade de l'aile droite et les hommes du second rang reprennent leur place.

Quand on emploie deux hausses, les hommes du premier rang prennent la hausse la plus courte, et ceux du second rang, la plus longue.

A droite (gauche), demi-tour

83. Quand la compagnie fait par le flanc droit (gauche), les hommes pourvus de numéros pairs (impairs) se portent à la droite (gauche) des numéros impairs (pairs), et forment avec eux un rang de quatre hommes alignés, face au flanc droit ou gauche.

Les chefs d'escouades d'ailes et les serre-files font à droite ou à gauche sur place.

Si l'on fait par le flanc gauche (droit) quand la

compagnie est déjà par le flanc, les rangs de quatre se dédoublent et la compagnie se remet de front, les hommes s'alignant individuellement à droite (gauche).

84. Lorsque la compagnie fait demi-tour, les chefs d'escouades d'ailes et les serre-files se portent à leur nouvelle place.

Marches

85. Dans la marche de front, la direction est toujours prise à droite; si elle est prise à gauche, on donne un avertissement spécial.

Avant de faire son commandement, le chef de la compagnie montre généralement l'objectif de la marche au chef d'escouade d'aile droite de la section de tête.

Toute la compagnie se met en marche simultanément et se conforme à l'exemple du guide, qui maintient la longueur et la cadence du pas règlementaire, sans se préoccuper du rang, et se dirige, soit sur l'objectif fixé, soit dans une direction perpendiculaire à l'alignement.

Le soldat ne doit pas tourner la tête pour s'aligner du côté du guide, et fait constamment attention à ses voisins. En général, un bon alignement résulte de l'uniformité dans la longueur et la cadence du pas, et de la conservation des intervalles. Les guides des sections successives marchent dans les traces du guide qui les précède, et maintiennent leur distance de huit pas par rapport à lui.

Pendant la marche, s'il est nécessaire de prendre la direction à l'aile opposée, on commande GUIDE A GAUCHE (ou à droite) : (*Kyodo hidari! ou migi!*).

86. Les mouvements de *à droite* (gauche) et *demi-tour* en marchant s'exécutent conformément aux Art. 83 et 84. On indique, s'il le faut, le guide, lorsque la marche doit continuer après que la compagnie est passée d'un dispositif par le flanc à une formation de front.

87. Quand la compagnie marche par le flanc, les hommes prennent leur alignement en avant. Le soldat qui suit le guide marche dans ses traces; chaque homme, dans le rang, recouvre celui qui le précède, de façon que la tête de ce dernier lui cache la tête de tous les autres hommes du rang.

Si, dans ce dispositif de marche, l'alignement des quatre hommes de tête est mauvais, la défectuosité s'étend à tout l'ensemble des rangs.

Dans la marche en ligne de colonnes de sections, on désigne généralement la section de base.

88. Dans la marche oblique, si la position des hommes est correcte, leurs épaules sont parallèles; dans le cas de la marche oblique vers la droite (gauche), l'épaule droite (gauche) de chaque homme se trouve en arrière de l'épaule gauche (droite) de son voisin de droite (gauche).

Le soldat s'aligne toujours du côté de la marche oblique.

A la reprise de la marche directe, on fait s'il le faut le commandement de guide à droite (gauche).

89. Le soldat doit observer pendant la marche les points importants qui suivent :

Garder toujours la tête directe, quelle que soit la direction du guide.

Céder à la pression qui vient du côté de l'alignement, et résister à celle qui vient du côté opposé.

Reprendre progressivement sa place si l'on se trouve en avant ou en arrière de l'alignement ou si l'on perd l'intervalle.

Si l'on est sur le mauvais pied, changer de pas (*fumikae*) et prendre immédiatement celui du voisin du côté du guide.

Pour changer de pas, rapporter le pied qui est en arrière à côté de celui qui est en avant et repartir de ce dernier pied. Au pas gymnastique, faire deux pas sur le même pied; si l'on marque le pas, agir comme au pas gymnastique.

Après le commandement de *rompez le pas,* il n'y a pas nécessité absolue à ce que tous les hommes marchent à la même cadence, s'ils se trouvent dans la campagne.

91. On arrête la compagnie au commandement de :

COMPAGNIE-HALTE ! — *Chutai-tomare!*

La compagnie s'arrête, et chaque soldat s'aligne individuellement du côté du guide. Dans la marche par le flanc, après l'arrêt, personne ne bouge plus.

92. La compagnie étant en marche par le flanc, pour l'arrêter et lui faire faire front, on commande :

PAR LE FLANC GAUCHE-HALTE! (litt.: tournez à gauche-halte!). — *Hidari* (*migi*) *muke-tomare!*

La compagnie s'arrête et s'aligne comme il est prescrit Art. 83 (paragr. 3).

93. Pour les mouvements de *à genou* et *couchez-vous,* la compagnie sera instruite à les exécuter presque simultanément.

Changer de direction

94. La compagnie étant de pied ferme, le changement de direction s'exécute au pas accéléré, sans mettre l'arme sur l'épaule. Si le mouvement doit s'exécuter au pas gymnastique, le commandement préparatoire est suivi du commandement de *pas gymnastique.*

Si la compagnie est en marche, on emploie toujours le pas gymnastique, on saisit le fourreau de la baïonnette au commandement préparatoire.

95. Pour faire changer de direction à la colonne de sections, on commande:

CHANGEMENT DE DIRECTION A DROITE (gauche)-MARCHE! — *Migi* (*hidari*) *ni muki wo kae-susume!*

Quand le mouvement s'exécute de pied ferme, le chef d'escouade d'aile au pivot de la section de tête fait à droite (gauche); les autres hommes font demi à droite (gauche) et se portent successivement sur la nouvelle ligne par le chemin le plus court, en s'arrêtant, ils s'alignent sur leur voisin de droite (gauche). Dans les sections subordonnées, chaque soldat se porte individuellement à la place qu'il doit occuper et s'aligne à droite (gauche).

Quand le mouvement s'exécute en marche, la section de tête change de direction et continue à marcher; les sections subordonnées changent de direction sans ordre, au même point que la section de tête, et suivent cette dernière. Si cela est nécessaire, le commandant de compagnie indique le guide au moment où la section de tête va terminer le changement de direction.

96. Pour faire changer de direction à la compagnie en ligne, le commandement est le même que ci-dessus, et le mouvement s'exécute comme pour la section de tête dans la colonne de sections.

Cependant, lorsque le mouvement s'exécute en marche, le pivot marque le pas pendant que les hommes se portent successivement au pas gymnastique sur la nouvelle ligne. La marche est reprise au commandement du chef de compagnie.

Pour faire changer de direction à la compagnie par le flanc, on commande :

PAR QUATRE A GAUCHE (droite)-MARCHE!
Kumigumi hidari (migi) ye-susume!

Au commandement, les quatre hommes de tête se mettent en marche ou continuent à marcher en décrivant un arc de cercle à petit rayon. Les hommes du côté du pivot raccourcissent les premiers pas; ceux de l'aile marchante conservent le pas règlementaire et changent de direction à gauche (droite) en s'alignant du côté du pivot, puis ils reprennent la marche directe. Chaque rang de quatre vient changer de direction au même point et de la même manière que celui qui le précède.

Pour faire changer de direction à la ligne de colonnes de sections, on commande :

CHANGEMENT DE DIRECTION A DROITE (gauche)-MARCHE! — *Migi (hidari) ye muki wo kae-susume!*

La compagnie étant de pied ferme, la section du côté du pivot change de direction par quatre vers la droite (gauche) et progresse dans la nouvelle direction d'une quantité égale à la longueur de la section, puis elle s'arrête. Les sections subordonnées se portent successivement en ligne avec elle (1) et s'arrêtent.

La compagnie étant en marche, la section de

(1) A sa hauteur.

pivot change de direction comme ci-dessus et continue à marcher. Les sections subordonnées se portent successivement en ligne avec elle et continuent à marcher.

97. Pour exécuter un léger changement de direction, on commence par indiquer un nouvel objectif ou un nouveau point de direction.

Changements de formations

98. Dans les changements de formations, on observera les principes ci-dessous, en plus de tous ceux qui précèdent, et en particulier, de l'Art. 94.

99. Pour former la ligne (déployée) en partant de la colonne de sections, on commande :

FORMEZ LA LIGNE-MARCHE!

Otai tsukure-susume!

La section de tête ne bouge pas ou continue à marcher, suivant l'indication de son chef. La section du centre (ou la section de queue) marche obliquement vers la droite (ou la gauche), et se porte en ligne avec la section de tête, sur laquelle elle s'aligne.

Au commandement de :

FORMEZ LA LIGNE VERS LA DROITE (gauche)-MARCHE! — *Migi (hidari) ye otai tsukure-susume!* on forme la ligne (déployée) sur le flanc (face à droite ou à gauche).

100. Pour passer de la ligne à la colonne de sections (colonne de compagnie), on commande :

FORMEZ LA COLONNE DE SECTIONS-MARCHE!

La section du centre reste immobile ou continue à marcher, suivant l'indication de son chef. Les autres sections se portent par le chemin le plus court à leur place dans la colonne de sections, la section de droite (ou de gauche) se plaçant au centre (ou en queue).

Au commandement :

FORMEZ LA COLONNE DE SECTIONS VERS LA DROITE (gauche)-MARCHE! — *Migi (hidari) ye chutai jutai tsukure-susume!* on forme la colonne de sections face à droite (gauche), en prenant comme base une des sections d'aile.

101. Pour passer de la compagnie par le flanc à la ligne (déployée) dans la même direction, on commande :

FORMEZ LA LIGNE VERS LA GAUCHE (droite)-MARCHE! — *Hidari (migi) ye narabi-susume!*

Le chef d'escouade de tête reste immobile ou marque le pas, les rangs de quatre dédoublent, et les hommes se portent successivement par le chemin le plus court sur la nouvelle ligne; suivant le cas, ils s'alignent alors du côté de leur voisin de droite (gauche), ou marquent le pas d'après son exemple. Si le mouvement s'est exécuté là compagnie étant en marche, la marche est reprise au commandement: *En avant-marche!*

Pour passer de la compagnie par le flanc à la colonne de sections dans la même direction, on commande:

FORMEZ LA COLONNE DE SECTIONS-MARCHE!

Chaque section se forme en ligne à l'indication de son chef comme il a été prescrit ci-dessus. Les sections subordonnées prennent ensuite leur distance règlementaire.

Si le mouvement s'est exécuté en marche, on ne marque point le pas.

Pour passer de la compagnie par le flanc à la ligne de colonnes de sections dans la même direction, on commande :

FORMEZ LA LIGNE DE COLONNES-MARCHE!
Heiritsu-jutai tsukure-susume!

La section de tête reste immobile ou continue à marcher, suivant l'indication de son chef. Les sections du centre et de queue se portent vers la droite et vers la gauche en prenant leurs intervalles règlementaires.

Pour passer de la compagnie par le flanc à la

ligne de colonnes de sections face à droite ou face à gauche, on commande:

FORMEZ LA LIGNE DE COLONNES VERS LA DROITE (gauche)-MARCHE! — *Migi (hidari) ye heiretsu-jutai tsukure-susume!*

Charge (Assaut)

102. Lorsque la compagnie donne l'assaut, les clairons sonnent la charge (*totsugeki no fu*) sans s'arrêter.

L'ennemi refoulé, les sections en première ligne commencent aussitôt que possible la poursuite par le feu. Les sections qui se trouvent en arrière se portent sur le flanc autant que le permettent les limites du terrain, et prennent part à la poursuite par le feu.

La nuit, on part à l'assaut du plus près possible: les clairons ne sonnent pas, et on s'abstient de crier.

Marches à l'aise (pas de route)

103. La troupe étant en marche, pour la mettre au pas de route, on commande:

MARCHEZ A L'AISE! — *Michiashi!*

Se conformer aux prescriptions du Règlement sur le Service en Campagne (1).

(1) Règlement du 14 octobre 1907, traduit par le colonel Corvisart. Paris, Berger-Levrault.

Pour passer du pas de route au pas accéléré ou au pas gymnastique, on commande :

PAS ACCÉLÉRÉ OU PAS GYMNASTIQUE-MARCHE!

Former et rompre les faisceaux

104. Les mouvements de former les faisceaux (*kume tsutsu*) et de rompre les faisceaux (*toke tsutsu*) nécessitent une grande attention.

105. Pour former les faisceaux, on fait mettre la baïonnette au canon, puis on commande :

FORMEZ LES FAISCEAUX!

L'homme du premier rang de chaque file impaire saisit son fusil de la main gauche au-dessous de l'embouchoir (*jotai*), le canon en avant; il porte le talon de la crosse en avant à une distance égale à trois fois la longueur de la plaque de couche, à compter de la pointe du pied droit; il laises retomber la main droite, et incline l'arme vers la gauche.

L'homme du premier rang de chaque file paire saisit son fusil de la main gauche au-dessous de l'embouchoir et porte le talon de la crosse en avant à une distance égale à trois fois la longueur de la plaque de couche, à compter de la pointe du pied gauche, le canon en arrière, puis il laisse retomber la main droite, il incline l'arme vers la droite et croise le crochet de croisière (*tsuba*) de sa baïonnette avec celui de son voisin de droite.

L'homme du second rang de chaque file impaire saisit son arme de la main gauche au-dessus de la grenadière (*katai*) et la soulève des deux mains en avançant le pied droit; il croise le crochet de croisière de sa baïonnette avec les deux autres et repose sa crosse en avant de l'intervalle qui le sépare de son voisin de gauche.

L'homme du second rang de chaque file paire saisit son fusil de la main gauche au-dessus de la grenadière et tourne le canon vers la droite et obliquement; il avance le pied gauche et appuie son arme au-dessous du guidon au point de croisement des baïonnettes, en la reposant à côté et à gauche de celle de l'homme du second rang de la file impaire.

Quand la file de gauche du rang a un numéro impair, elle forme le faisceau avec le chef d'escouade d'aile, ou, à défaut, avec un serre-file.

En cas de nécessité, on peut former les faisceaux en croisant les baguettes de fusils (*sakujo*), sans mettre la baïonnette.

Pour rompre les faisceaux, on commande:

Rompez les faisceaux!

L'homme du second rang de chaque file paire avance le pied gauche et saisit son arme de la main droite. Les trois autres (l'homme du second rang de la file impaire avance le pied droit) saisissent leurs armes de la main gauche au-dessous de l'embouchoir, et de la main droite au garde-main, ils les soulèvent et les dégagent doucement et reprennent la position du soldat reposé sur l'arme.

Disperser, rassembler

107. Pour disperser la compagnie (rompre les rangs), on commande :

DISPERSEZ-VOUS ! — *Wakare!*

Si les faisceaux sont formés, les soldats se dispersent sans toucher aux armes.

Les chefs d'escouades d'ailes et les serre-files posent leurs armes convenablement sur les faisceaux du rang; toutefois, un faisceau ne doit pas comprendre plus de cinq armes.

108. Pour rassembler la compagnie, on commande :

RASSEMBLEMENT ! — *Atsumare!*

Les chefs d'escouade d'aile droite se portent vivement face au commandant de compagnie, et se placent à leurs postes règlementaires dans la colonne de sections. Les hommes se forment sur deux rangs à leur gauche dans l'ordre de leurs numéros et s'alignent.

Si les faisceaux ont été formés avant de rompre les rangs, chacun se porte directement à son faisceau et prend sa place sans précipitation. Les chefs d'escouades d'ailes et les serre-files reprennent leurs armes.

Déploiements

REMARQUES ESSENTIELLES

109. L'ordre dispersé (*sannai taikei*) est le dispositif fondamental de l'infanterie de combat. C'est dans cette formation que, non seulement on mène le feu, mais aussi, dans nombre de cas, on donne l'assaut. Toutefois, l'ordre dispersé présente des difficultés pour le commandement, et, pour la troupe, des facilités à échapper à ses chefs.

Le déploiement ne doit donc pas être prématuré.

110. La compagnie combat habituellement encadrée : son engagement isolé est exceptionnel.

La compagnie encadrée dans le bataillon répartit le nombre voulu de tirailleurs sur le front qui lui est dévolu, et combat en liaison avec les autres compagnies. Le capitaine applique surtout son attention à ce qui se passe en avant, mais sans négliger les flancs et les derrières.

La compagnie isolée devant mener le combat en entier avec ses seules forces, et protéger elle-même ses flancs, il lui faut garder des réserves aussi longtemps que possible.

111. Alors même que la compagnie est forcée de se déployer, il est bon d'économiser dans le

début le plus de forces possible. Si l'on déploie dès le commencement la plus grande partie de la compagnie, l'aide d'une autre compagnie pourra devenir nécessaire, en vue de maintenir la puissance du feu de la première; la conséquence sera inévitablement un mélange prématuré des deux compagnies. Toutefois, si les nécessités du combat l'exigent, on n'hésitera pas à déployer dès le début l'effectif suffisant.

112. Dans l'occupation d'une position, il est indispensable d'adapter le dispositif à la configuration du terrain. D'habitude on désigne aux sections intéressées les limites de la zone de déploiement, et on maintient en arrière la ou les sections restantes. Tant qu'il n'est pas nécessaire d'occuper la ligne de feu, on recherche surtout l'abri, en se couvrant par le nombre voulu d'éclaireurs. Il faut dans tous les cas détacher des patrouilles sur les flancs et les derrières. On apprécie la distance des points intéressants, et on porte les chiffres à la connaissance de tous.

Responsabilités (devoirs) du cadre et de la troupe

113. Le capitaine décide, en raison des circonstances, si la compagnie sera déployée en entier ou en partie, si elle se portera en avant tout ensemble ou par fractions. Il désigne l'objectif du feu, et le répartit s'il le faut, entre les

sections; il détermine la distance, donne la hausse, donne l'ordre de commencer le feu et observe les points de chute des balles. Il applique une attention constante à la situation de l'ennemi et aux agissements de ses propres voisins; il est ainsi à même de diriger judicieusement la marche et le feu de sa compagnie. Le commandant de compagnie présent sur la première ligne pourra la plupart du temps saisir les occasions favorables fournies par la configuration du sol et la situation de l'adversaire. Il ne négligera donc rien pour s'assurer ces avantages dans son effort pour écraser l'ennemi.

114. Pendant le combat, le commandant de compagnie se tient en un point rapproché de la ligne des tirailleurs, permettant de surveiller l'ensemble du front, d'observer l'ennemi et de commander la compagnie. Il aura soin de maintenir la liaison avec son chef de bataillon; à cet effet, il se relie à ce dernier en cas de nécessité, au moyen d'une série de messagers échelonnés. N'employer à cette mission qu'un très petit nombre de sujets d'élite: les transmissions par un grand nombre d'intermédiaires donnent lieu à des erreurs dont la gravité croît en proportion de ce nombre.

115. Il arrive fréquemment pendant le combat, que les ordres ou signaux émanant du chef de bataillon ne touchent pas à temps ses comman-

dants de compagnie. Le capitaine doit donc s'acquitter de sa tâche avec adresse, en agissant de sa propre initiative en raison de la situation du combat.

Le commandant de compagnie doit, en temps voulu, rendre compte à son chef de bataillon de la situation de sa ligne de combat; de même, il la fait connaître aux commandants de compagnie voisins et à ses chefs de section. La même prescription s'applique aux chefs de sections et d'escouades.

116. Le principal devoir du *chef de section* est de seconder son chef de compagnie dans la direction du combat et de faire parfaitement exécuter ses instructions par sa section. Le chef de section, suivant les besoins, répète les commandements du capitaine; il guide sa section et la place dans une position convenable pour tirer; il veille à ce que chaque escouade se place judicieusement, et à ce que les hommes appliquent les diverses prescriptions pour le combat. Il prête une attention constante à la situation de l'ennemi et aux points de chute des balles; il en rend compte au capitaine; il s'applique à donner au feu toute son efficacité, sans perdre de vue la quantité de munitions portées par l'homme; enfin, il s'efforce d'agir en liaison avec les sections voisines.

Si la situation l'exige, le chef de section, de sa propre initiative, commande le feu et les mouvements de sa ligne de tirailleurs.

117. Le principal devoir du *chef d'escouade* est de seconder son chef de section et de transmettre ses ordres. Il répète donc suivant les besoins, les ordres de ses chefs de compagnie et de section; il guide son escouade et la place dans une position convenable pour tirer. Il prête une attention constante à la situation de l'ennemi; il veille à ce que les hommes utilisent au mieux les accidents du sol, prennent la hausse correctement, choisissent un but convenable, visent avec précision et tirent avec calme; il veille à ce qu'ils ne gaspillent pas leurs munitions, et obéissent aux commandements de l'officier. Enfin, s'il le juge nécessaire, il se porte lui-même sur la chaîne et prend part au feu.

Le chef d'escouade doit fréquemment remplacer son chef de section dans le commandement. Il doit, spécialement dans la crise du combat, prendre en main la direction du feu de son escouade, même en présence du chef de section. Il doit donc être habitué à tirer le meilleur parti du terrain, à apprécier les objectifs, à observer les coups et à mesurer les distances.

118. Tous les membres du cadre doivent redoubler de courage à chaque difficulté rencontrée, pour stimuler le moral de leurs subordonnés. En particulier, au moment de l'assaut, ils concentrent toute leur énergie, se jettent sur la position ennemie en tête de leur monde, et luttent de toute leur bravoure et de toute leur ardeur, pour enlever la victoire.

119. Pendant le combat, la transmission des ordres, prescriptions et rapports doit être rapide et sûre: la méthode pour y arriver, la dextérité dans l'emploi de cette méthode doivent attirer particulièrement l'attention des cadres.

120. La bataille succède généralement à la marche, à ses fatigues, à ses privations; elle se prolonge le plus souvent pendant des jours et des nuits. Le *soldat* doit donc être capable de répondre aux exigences du combat en se montrant brave, calme, confiant en soi, persévérant, capable, enfin, de surmonter l'impression déprimante particulière au combat d'infanterie.

121. Le *soldat* doit faire son devoir avec calme, sans jamais broncher, le feu ennemi fût-il assez intense pour produire des pertes sérieuses; il ne perdra pas cette idée, que l'hésitation et le recul produisent la défaite, tandis que la progression ardente et résolue amène toujours la victoire.

122. Dans la défensive, le soldat ne doit songer qu'à garder son poste, sans jamais céder de terrain; il attend avec calme l'occasion de contre-attaquer, bien persuadé que l'effet meurtrier de son arme s'accroît à mesure que l'ennemi se rapproche. Si ses munitions sont épuisées, ou s'il se trouve cerné de près, il s'efforce quand même de remporter le succès final, en mettant sa confiance dans sa baïonnette.

123. Le soldat blessé et hors de combat passe ses munitions à un camarade, attend les ordres de son supérieur, et se retire lentement de la ligne.

124. Lorsque plusieurs compagnies sont mélangées et qu'on n'a pas fait de nouvelles répartition, le soldat se place pour combattre sous les ordres du chef d'escouade le plus voisin, comme si c'était le sien propre.

La même prescription s'applique au chef d'escouade et à son supérieur.

125. Ni les officiers ni la troupe ne peuvent quitter leur unité sans permission. C'est une lâcheté et un manque au devoir, par exemple, que de quitter la ligne de combat volontairement sans que le service vous appelle ailleurs, ou sous le prétexte de blessures dont la légèreté vous permet de rester au combat, ou pour abriter ou transporter sans ordre les blessés, pendant que la lutte suit son cours.

Des officiers ou des hommes qui ont perdu leur unité se joignent immédiatement à une troupe combattant à proximité, se présentent à ses officiers et se mettent sous leurs ordres. En fin de combat, ils rejoignent leurs unités.

Formation de la ligne des Tirailleurs

126. La troupe doit être capable de se déployer en bon ordre, vivement et sans agitation, dans toutes les directions.

Dans le déploiement, l'intervalle entre les tirailleurs est normalement de deux pas, mais il peut varier.

127. L'ordre de déployer donné par le capitaine provoque en général la division de la compagnie en tirailleurs et soutiens (*entai*). Les soutiens restent d'habitude sur place jusqu'à ce que la chaîne ait gagné la distance prescrite par le capitaine.

Lorsque la compagnie est déployée, l'adjudant, le sergent-major et un clairon marchent avec le capitaine. Les clairons restants sont répartis entre les sections.

128. La compagnie étant arrêtée ou en marche, pour la déployer face en avant, on désigne la section qui doit s'ouvrir, la base, et, s'il est nécessaire, la position relative à occuper par les sections, puis on commande :

DÉPLOYEZ ! — *Chire!*

L'homme de base marche droit devant lui; les autres hommes marchent obliquement vers la droite ou vers la gauche au pas gymnastique, et prennent leurs intervalles. Les hommes du second rang se portent à hauteur et à gauche de leur chef de file. La marche continue.

Pour déployer la section sur place, on commande :

DÉPLOYEZ SUR PLACE ! — *Sono ba ni chire!*

L'homme de base ne bouge pas; les autres soldats font à droite et à gauche et prennent leurs intervalles au pas gymnastique.

129. La compagnie étant arrêtée ou en marche, dans une formation par le flanc, pour la déployer en avançant ou sur place, on commande :

DÉPLOYEZ VERS LA GAUCHE (droite)!

ou : DÉPLOYEZ VERS LA GAUCHE (droite) SUR PLACE!

Auparavant, on commence par désigner les sections qui doivent s'ouvrir et par leur fixer au besoin leur emplacement.

Le soldat qui suit immédiatement le guide de la section de tête ou de direction se met en marche, ou continue à marcher, ou reste sur place. Les rangs de quatre se rompent; chaque homme se porte obliquement vers la gauche (droite) au pas gymnastique par le chemin le plus court, et prend sa place dans la ligne de tirailleurs.

130. Pour déployer une compagnie en retraite, on commence par la remettre face à l'ennemi avant de faire le commandement de déploiement.

131. Pour déployer la compagnie à un autre intervalle que l'intervalle normal, on fait précéder le commandement de *déployez,* de l'indication : *à tant de pas.*

Pour déployer la compagnie dans une direction oblique, on commence par indiquer l'objectif ou la direction avant de faire le commandement.

Mouvements de la ligne des Tirailleurs

132. Les mouvements de la ligne des tirailleurs ont pour but principal de joindre l'ennemi au plus vite, en maintenant l'ordre et la cohésion les plus parfaits.

133. Le tirailleur, en vue de tirer le meilleur parti du terrain, n'est pas forcé d'observer l'alignement ni l'intervalle. Pourtant, dans le mouvement en avant, toutes les fractions de la ligne des tirailleurs s'appliquent à maintenir la direction de marche, sans étendre leur front. Il ne faut pas que le souci de couvrir quelques soldats nuise à la liaison des fractions dans le mouvement d'ensemble.

134. Il est de toute importance, à l'instruction, d'habituer la ligne de tirailleurs à se déplacer sur de longues distances, en terrain difficile, sans perdre la direction, et en conservant la cohésion de ses éléments constitutifs.

135. Le tirailleur ne se contente pas d'obéir aux commandements de son chef : en marche comme à l'arrêt, il ne cesse pas d'être attentif à ses voisins.

136. Il est désavantageux de déplacer la ligne

de tirailleurs vers un flanc sous le feu de l'ennemi. On peut toutefois modifier légèrement sa direction de marche par un mouvement oblique, tant que le feu n'est pas meurtrier.

137. La ligne de tirailleurs en marche garde habituellement l'allure du pas accéléré. Toutefois, pour se déplacer sous un feu efficace, d'une coupure du sol à une autre, il faut prendre le pas gymnastique, ou même une allure encore plus rapide; si la distance à franchir est longue, il est bon de marquer plusieurs temps d'arrêt. La distance à franchir d'un bond ne doit pas être trop courte, bien qu'elle varie en raison du terrain, de l'état de la troupe et de l'efficacité du feu ennemi; cependant, si elle dépasse cent mètres, la précision de visée des tireurs en souffre souvent.

Lorsque la progression finit par devenir difficile, on fractionne parfois la ligne des tirailleurs à proportion de l'intensité du feu ennemi: les fractions sont poussées en avant alternativement. Il en résulte un ralentissement de la progression et des difficultés de commandement dans les unités. Si donc on est contraint à ce fractionnement, il faut éviter de l'étendre à une unité inférieure à la section.

138. Sous un feu efficace, la ligne de tirailleurs a une tendance à « coller à la position » et il est difficile de la pousser plus loin; cette diffi-

culté croît à mesure que la ligne se rapproche de l'ennemi. On évitera donc d'arrêter la ligne plus longtemps qu'il n'est nécessaire, et on ne cessera pas d'entretenir chez elle la tendance à s'avancer bravement. Il faut se pénétrer de cette idée, qu'un stationnement prolongé sous le feu d'un ennemi bien abrité, occasionne inutilement de lourdes pertes.

139. La ligne de tirailleurs marche sur l'objectif indiqué dans le commandement du capitaine.

Le tirailleur marche en se basant sur son chef d'escouade, le chef d'escouade, sur son chef de section, et celui-ci, sur le centre de la compagnie. Les chefs d'escouade et de section dirigent leurs subordonnés en se tenant le plus souvent devant leur centre. S'il le faut, le capitaine désigne une section de base.

Quand la ligne de tirailleurs s'avance par fractions, le fractionnement est indiqué d'avance.

Les tirailleurs s'arrêtent sur l'emplacement où les ont conduits leurs chefs d'escouades.

140. La ligne de tirailleurs, arrêtée ou en marche, change de direction à l'indication d'un nouvel objectif (ou point de direction), et au commandement :

CHANGEZ DE DIRECTION A DROITE (gauche)!

Le chef d'escouade d'aile du côté du pivot arrête quelques hommes face à la nouvelle direction;

les tirailleurs se portent au pas gymnastique sur la nouvelle ligne et s'arrêtent.

Feux de la ligne de Tirailleurs

141. La ligne de tirailleurs emploie en général le feu individuel: c'est celui qui a le plus grand effet, car il permet de viser avec précision et de tirer au moment voulu.

142. La rapidité du feu individuel varie suivant la nature de l'objectif, l'approvisionnement en munitions, les circonstances atmosphériques, comme d'après l'état moral, la vigueur et l'adresse du tireur. Si l'officier juge devoir modifier la vitesse du tir, il donne les avertissements suivants :

Plus vite (*Motto hayaku*)

ou Plus lentement (*Motto osoku*).

143. Il est indispensable de répartir le feu sur tout le front de l'objectif à battre. Dans le feu individuel, chacun doit donc diriger son tir sur la portion de l'objectif qui est en face de lui.

144. Le feu de salve n'est praticable que si la troupe n'est pas soumise à un feu efficace: il a l'avantage de maintenir le personnel dans la main de l'officier, mais, dans le fracas du combat, la voix atteint difficilement l'ensemble de la sec-

tion en ordre serré; la difficulté est autrement grande avec une troupe en ordre dispersé.

145. Les commandements du feu sont ceux de l'Art. 82, mais on ne prescrit pas la position du tireur. On indique clairement et distinctement les objectifs, pour prévenir les malentendus.

146. L'effet du feu varie suivant l'adresse du tireur, l'état de la troupe, la distance, le nombre des coups, et, plus spécialement, le bien fondé de la tactique de tir employée (*shageki shiki*). En face de buts qui se présentent sur des terrains identiques et à la même distance, les effets du feu sont influencés par leur hauteur, leur largeur, leur profondeur, leur densité, leur teinte sombre ou claire, et enfin, par les circonstances atmosphériques.

Une bonne tactique de feux dépend de l'appréciation exacte des distances.

147. A courte distance, on obtient de bons résultats, même sur un objectif bas; à distance moyenne, il est difficile de produire un effet utile sur un tel objectif sans une grande consommation de munitions. Sur un objectif élevé, on obtient de bons résultats à distance moyenne, tandis qu'à grande distance, l'effet se réduit. On s'abstiendra donc de tirer à grande distance, à moins que l'objectif ne soit exceptionnellement favorable.

Les feux d'écharpe et d'enfilade sont plus efficaces que les feux directs, quels que soient la portée et l'objectif.

148. A résultat égal sur un objectif donné, c'est le feu le plus court qui impressionne le plus l'ennemi; toutefois, c'est par la bonne tactique de tir et la discipline du feu que l'on doit rechercher cet effet, et non par l'extrême rapidité du tir, laquelle dégénère souvent en pur gaspillage de munitions.

149. On n'ouvrira le feu que s'il présente des garanties d'efficacité, ou si la progression sans tirer devient trop meurtrière. Des troupes exercées se comporteront avec calme sous le feu de l'ennemi, et sans tirer, tant que l'inutilité de leur feu est évidente.

150. On n'oubliera pas que, grâce à une économie judicieuse de cartouches, on ne risquera pas de se trouver à court au moment critique où la dépense assure le résultat. Toutefois, la décision prise de battre un objectif, on consacrera au feu la quantité de munitions voulue pour obtenir l'effet cherché: l'inefficacité de leur feu décourage les tireurs et exalte le moral de l'ennemi.

151. On choisit les objectifs en raison de leur valeur tactique: par exemple, ceux qui sont les plus dangereux, ceux dont il faut rechercher la destruction. On se consacrera la plupart du temps

à l'infanterie ennemie, mais il ne faut pas perdre de vue l'artillerie.

Dans la désignation de l'objectif, il est bon de fixer les limites de la tranche du front ennemi que la compagnie doit battre. Dans des cas particuliers, on pourra être amené à affecter un objectif spécial à chaque section, ou même à un groupe d'escouades: par exemple, dans le feu contre une ligne d'artillerie, ou contre des troupes à rangs serrés présentant des éléments à front étroit, séparés par des intervalles.

Dans la désignation de l'objectif, on prendra garde de ne point laisser d'intervalle entre l'objectif de la compagnie et celui de la compagnie voisine: aucune portion de la ligne ennemie ne doit échapper à l'influence déprimante du feu. Il est bon de désigner l'objectif d'avance, si les circonstances le permettent.

Si l'objectif est difficile à désigner, on se servira comme de repère, d'un objet voisin. Si l'objectif est mal visible, on fera viser la troupe sur un but auxiliaire choisi sur le terrain, de même hauteur que l'objectif, et sur son alignement, en avant ou en arrière; par exemple: le bas de la lisière du bois qui se trouve derrière l'objectif.

On ne changera pas d'objectif, à moins de motif spécial : des changements fréquents d'objectifs produisent la confusion dans le tir.

152. En fixant la hausse, on apporte à la distance appréciée, la correction nécessitée par les

circonstances atmosphériques, de manière à amener le centre de la gerbe sur l'objectif.

Si la distance est longue et difficile à apprécier, il est bon d'employer deux hausses distantes de cent mètres.

Les corrections en portée se font toujours par changement de hausse.

153. L'appréciation des distances se fait la plupart du temps à la vue, mais il faut ajouter à ce procédé les renseignements fournis par le télémètre (*kyori sokuryoki*), par l'artillerie ou par l'infanterie en action dans le voisinage, ainsi que par la carte.

Tout officier commandant une troupe engagée dans l'action par le feu est tenu de communiquer la hausse au chef d'une troupe qui entre en ligne.

154. L'observation du feu est indispensable; la tactique du tir prend sa valeur dans l'attention que l'on prête aux points de chute des balles et à la condition de l'ennemi.

155. Le soldat bien instruit, strict observateur de la discipline du tir, sait obéir aux ordres de son chef sous le feu de l'ennemi; il s'acquitte de toutes les prescriptions pour le tir; il tire le meilleur parti des accidents du sol et des occasions de tirer; il prête une attention constante à son officier comme à l'ennemi; il cesse le feu dès que l'objectif disparaît ou qu'il en entend donner l'ordre. Enfin, alors même que les cadres ont disparu

et qu'il n'y a plus de surveillance du feu, il se montre capable de continuer à tirer utilement, de son initiative, avec son seul jugement.

Les soutiens

156. Les soutiens ont pour but de renforcer la ligne des tirailleurs et de protéger les flancs exposés à une attaque. Leur emplacement est fixé d'après ces principes.

157. Lorsqu'un flanc de la ligne des tirailleurs n'est pas couvert par une troupe voisine ou par un obstacle du sol, on détache des patrouilles pour éclairer ce flanc.

158. La distance des soutiens à la chaîne varie suivant l'état du combat et la configuration du sol. La condition essentielle est qu'ils soient capables de soutenir la chaîne en temps voulu; à cet égard, il faut réduire la distance; d'autre part, il faut éviter de faire voir trop tôt le soutien à l'ennemi, afin de lui épargner les pertes.

159. Les soutiens se conforment aux mouvements de la chaîne en utilisant au mieux le terrain et en restant à rangs serrés. Pour réduire les effets du feu adverse, on les ouvre s'il le faut par sections et escouades; on peut même temporairement les déployer en ordre dispersé. Si deux sections se trouvent mélangées, le plus ancien chef de section prend le commandement.

160. En vue de pouvoir soutenir la chaîne au

premier ordre, le chef du soutien conduit sa troupe en raison de la situation de l'ennemi et de celle de la chaîne; il se poste autant que possible en un point visible pour le capitaine; s'il en est éloigné, il fera bien de se relier à lui par des hommes de communication.

161. On renforce la chaîne de front (par doublement) ou vers un flanc (par prolongement), sur l'ordre du capitaine.

Une compagnie encadrée sur ses deux flancs ne peut pas déployer plus de deux sections, c'est pourquoi le renforcement normal se fait par doublement.

La plupart du temps, le renforcement par prolongement n'est praticable que dans la compagnie couverte sur un flanc ou dans la compagnie combattant isolément.

L'élément chargé de renforcer se déploie au commandement de son chef et se porte à son emplacement; dans le cas du renforcement par doublement, il s'intercale dans des vides de la chaîne; dans le cas du prolongement, il se rattache à l'aile de la chaîne.

Après le doublement, les chefs de section et d'escouade font autant que possible la répartition nouvelle de leur commandement.

Assaut, poursuite, retraite

162. Dans la progression du combat, on comble les pertes, on renforce les tirailleurs pour accroître la puissance du feu, on gagne pas à pas vers

l'ennemi, on met la baïonnette au canon au moment voulu; enfin, quand il est devenu possible de pousser au but, le commandant de compagnie, à la tête de son monde, se jette sur la position ennemie avec ardeur et résolution, comme il est prescrit Art. 102. C'est en vérité à ce moment que se manifeste la solidité de l'union morale de la compagnie.

163. Si l'assaut échoue, une compagnie bien instruite et enthousiaste est capable de le renouveler encore et encore, même sans recevoir de secours; un élan intrépide, dans un effort désespéré finira bien par venir à bout de l'ennemi le plus opiniâtre.

164. Si l'assaut réussit, on poursuit immédiatement par le feu l'ennemi en déroute. A ce moment, le feu des tirailleurs qui gardent leur sang-froid produit un effet considérable et peut amener le quasi anéantissement de l'ennemi.

Lorsque l'ennemi est sur le point de s'évader de la zone d'efficacité du feu, le capitaine pousse de l'avant avec tout son monde, sans hésiter. Il ne doit pas se contenter d'avoir réussi à enlever la position ennemie; il oubliera l'épuisement consécutif à l'exécution laborieuse de l'attaque, il ne fera pas grâce aux forces physiques de ses subordonnés (1).

(1) Il y a là une réaction contre l'inaction après l'assaut souvent constatée dans l'infanterie japonaise pendant la dernière guerre.

165. Si l'on reçoit l'ordre de battre en retraite, il est avantageux de replier simultanément toute la ligne. On maintient parfois sur place une partie de la chaîne, avec mission de contenir l'ennemi et de couvrir la retraite du reste des troupes. De plus, quand il existe encore des soutiens, on peut avantageusement leur faire occuper une position en arrière d'un flanc, d'où ils couvrent de leur feu la retraite de la première ligne.

La retraite doit s'exécuter en bon ordre: on ne prend le pas gymnastique que sur indication spéciale. Pendant la retraite, les gradés s'appliquent de tout leur pouvoir à maintenir les subordonnés dans la main.

Rassemblement et ralliement

166. Au combat, s'il est nécessaire de rassembler la troupe, on exécute le rassemblement (*shugo*) ou le ralliement (*heigo*). A l'issue du combat, ou si l'ennemi a suspendu sa poursuite, on rassemble immédiatement la compagnie.

Pour rassembler la ligne de tirailleurs, on se conforme à l'Art. 108.

Pour rallier la ligne de tirailleurs, on commence par indiquer la formation, puis on commande :

RALLIEMENT! — *Awase!*

Les chefs de sections répètent le commandement. Les tirailleurs se rallient à leurs chefs de sections au pas gymnastique et sans chercher à reprendre leur place normale. Si la chaîne n'est pas encore divisée en sections, les tirailleurs se rallient au chef de section le plus voisin (1).

Les chefs de sections placent leur troupe dans la formation prescrite.

Le rassemblement et le ralliement se font au besoin par sections et par escouades.

---

(1) Par exemple, au début d'un engagement, si l'on a déployé une section en chaîne, en la couvrant sur les flancs par des patrouilles empruntées aux autres sections. — (Note du traducteur.)

CHAPITRE III

INSTRUCTION DU BATAILLON

PRESCRIPTIONS IMPORTANTES

167. Le bataillon est l'unité de tactique capable de mener le combat dans une région du champ de bataille par l'utilisation judicieuse de ses quatre compagnies en combinaison.

168. Le chef de bataillon use d'ordres ou de commandements pour diriger son bataillon.

Formations en ordre serré

169. La formation normale du bataillon est la ligne de colonnes (*jutai otai*).

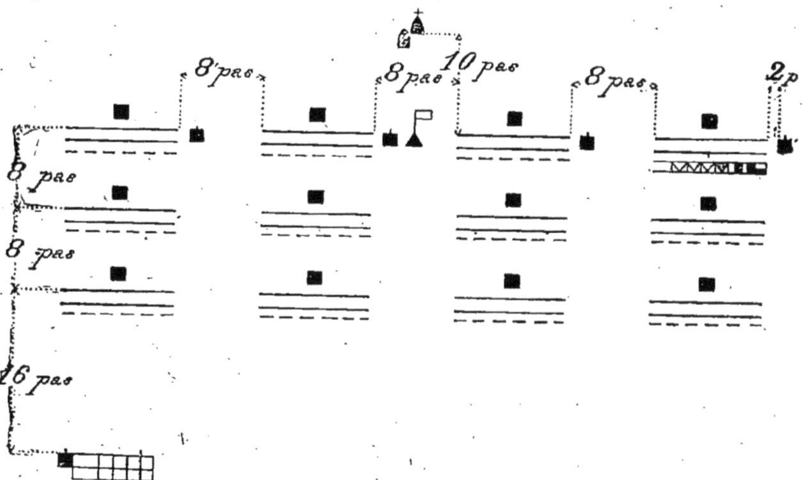

Train de combat ("bagages légers" ; *shokori*).

Chef de bataillon.

Commandant de compagnie.

Adjudant de bataillon (lieutenant monté).

Chef de section.

Fanion du bataillon.

Serre-files.

Adjudant.

Sergent-major.

Sous-officiers de l'Etat-Major du bataillon.

Chef clairon (*Rappacho*).

Clairon.

Médecin.

Sous-officier infirmier (du corps médical, *Kangocho*).

Suivant le cas, l'intervalle varie entre les compagnies, et celles-ci sont disposées sans tenir compte de leur ordre.

L'adjudant de bataillon (*daitai fukukan*) accompagne le chef de bataillon. Les sous-officiers de l'état-major du bataillon (*datai hombu*) marchent avec la première compagnie. Le fanion de bataillon est porté par un sous-officier choisi par le chef de bataillon; quand le bataillon se déploie, le fanion se porte à l'emplacement désigné par le chef de bataillon.

La place du personnel médical (*eiseibu in*) et du train de combat (*shokori*) est déterminée suivant le besoin par le chef de bataillon.

170. Les « formations appliquées » du bataillon sont d'ordinaire la colonne de bataillon (*daitai jutai*) et la colonne double (*chofuku jutai*).

Dans la colonne de bataillon, les quatre colonnes de sections sont placées l'une derrière l'autre.

dans la colonne double, deux colonnes de sections sont juxtaposées, et deux autres sont placées derrière elles, dans la même formation. La distance, comme l'intervalle entre les compagnies sont de huit pas, à moins d'ordre contraire.

Les diverses formations qui ont pour point de départ la ligne de colonnes de sections (*heiritsu jutai*) sont dites « ligne de colonnes par la ligne de colonnes de sections » (*heiritsu jutai no jutai-otai*), colonne de bataillon par la ligne de colonnes de sections (*heiritsu jutai no daitaiotai*), etc.

171. Les distances et intervalles entre les compagnies sont maintenues par les chefs d'escouades de direction.

172. Pour aligner la ligne de colonnes, on commande :

DRAPEAU ET GUIDES, (tant de) PAS EN AVANT!
Hata kyodo (nan) po mae ye!

Le fanion et les chefs d'escouades d'ailes de chaque section de tête s'avancent; les chefs d'escouades s'alignent sur le fanion. Le chef de bataillon ou l'adjudant rectifie leur position.

On commande ensuite :

SUR LE CENTRE-ALIGNEMENT! — FIXE!
Naka ye narae! etc. — Naore!

Au commandement d'exécution, chaque compagnie s'aligne sur le fanion.

173. Dans la marche ou à l'arrêt en ligne de colonnes, chaque compagnie s'aligne sur le fanion.

174. Pour faire changer de direction à la ligne de colonnes, on commande :

CHANGEMENT DE DIRECTION A DROITE (gauche)!

La compagnie du côté du pivot, en marche ou arrêtée, change de direction au commandement de son capitaine; si elle est en marche, elle s'arrête après avoir progressé d'une quantité sensiblement égale à sa profondeur. Les autres compagnies changent successivement de direction au commandement de leurs chefs, se portent sur la nouvelle ligne, et s'alignent du côté de la compagnie de pivot.

175. Quand le bataillon doit changer de direction, le chef de bataillon indique s'il le juge bon aux commandants de compagnies, la compagnie de base et les emplacements des autres compagnies.

176. En ce qui concerne les formations normales, l'instruction se borne à l'alignement, aux marches et aux changements de direction; pour les autres mouvements, il suffit que le bataillon les exécute comme il en reçoit l'ordre de son chef.

En général, les compagnies exécutent les mouvements d'ensemble au commandement du chef de bataillon.

Déploiement et combat

177. Dans l'offensive, le chef de bataillon indique à tous les commandants de compagnies l'objectif d'attaque du bataillon, objectif contre lequel toutes les compagnies de première ligne doivent agir en commun. Parfois, on fixe à chaque compagnie un objectif distinct, lorsque les circonstances l'exigent.

Dans la défensive, on affecte d'ordinaire une mission aux unités, en fixant aux compagnies de première ligne les limites du terrain qu'elles doivent occuper, ainsi que la zone en avant.

178. En marchant au combat, le bataillon s'efforce de progresser vers l'ennemi en utilisant le terrain et en conservant la formation serrée aussi longtemps que possible. Lorsque le feu de l'artillerie adverse devient efficace, on augmente d'ordinaire les distances et les intervalles entre les compagnies, ou on les échelonne, puis on les déploie. Suivant le cas, le bataillon peut être appelé à se déployer dès le début.

Le chef de bataillon envoie en avant, ou même sur les flancs, des patrouilles destinées à observer l'ennemi et à reconnaître le terrain.

179. Dans l'exécution du déploiement, le bataillon se répartit en compagnies de première

ligne et en réserve (*yobitai*); ce sont les circonstances du moment qui imposent le nombre des compagnies à placer en première ligne.

Au cas où le bataillon combat isolément, il faut économiser au début les troupes de première ligne, pour pouvoir faire face aux éventualités sur les flancs et renforcer graduellement le front, au fur et à mesure des progrès de l'action.

Si le bataillon combat encadré, on peut déployer en première ligne plusieurs compagnies, puisqu'il n'y a pas à se préoccuper des flancs. Toutefois, si l'on veut que la troupe combattante joue son rôle de bataillon, il faut réserver dès le début au moins une compagnie.

Le front de combat de la compagnie varie suivant les circonstances, et, plus spécialement, suivant le terrain; toutefois, on adopte le front-type d'environ 150 mètres pour la compagnie sur le pied de guerre, si l'on veut entretenir convenablement la puissance du feu de la chaîne sur un front d'attaque où l'on recherche l'action décisive. Il arrive d'ailleurs fréquemment qu'une compagnie prenne un front notablement supérieur au chiffre ci-dessus.

180. Pour l'exécution du déploiement, le chef de bataillon réunit si possible tous les commandants de compagnies; il leur expose la situation, désigne les compagnies de première ligne, la réserve, les emplacements réciproques des compagnies, et, s'il y a lieu, la compagnie de base.

Dans l'offensive, lorsqu'il est encore impossible de fixer l'objectif de l'attaque, on donne un point de direction commun à toutes les compagnies, ou on règle sur une compagnie de base le mouvement du bataillon déployé; on indique ensuite en temps et lieu l'objectif d'attaque.

181. Que le bataillon soit arrêté ou en marche, il y a avantage à ne le déployer qu'après avoir poussé en avant les compagnies voulues. Dans tous les cas, il est bon que le front de déploiement soit perpendiculaire à la direction de marche.

182. Le commandant d'une compagnie déployée en première ligne fait l'application judicieuse des diverses formations prescrites, d'accord avec les intentions de son chef de bataillon, les particularités du terrain, et l'effet du feu adverse; il s'efforce de se rapprocher du point d'attaque du bataillon, de porter à son maximum la puissance du feu de sa compagnie, et, finalement, de donner l'assaut.

La caractéristique du combat du bataillon est la coopération harmonieuse de toutes ses compagnies, assurée par l'unité du commandement, dans les diverses phases de la lutte.

183. La réserve est à la disposition immédiate du chef de bataillon, qui l'emploie suivant les besoins, pour répondre aux modifications dans la situation.

BIBLIOTHÈQUE NATIONALE R.F.

Dans le cas du bataillon isolé, la réserve peut servir à prolonger le front de combat. Dans le bataillon encadré, la réserve sert, d'ordinaire, à entretenir le mouvement de la première ligne, le front de combat étant limité.

Si le bataillon est sur un flanc, la réserve est généralement utilisée sur le flanc découvert.

Le commandant de la réserve s'attache à permettre au chef de bataillon l'usage de sa troupe dès qu'une occasion s'en présente. A cet effet, il ne cesse pas de suivre le combat et d'étudier le terrain, de couvrir les flancs exposés, de se maintenir en liaison avec le chef de bataillon, de déterminer, conformément aux intentions de ce dernier, les emplacements et mouvements de la réserve. En toute circonstance, il s'applique à soustraire sa troupe aux vues prématurées de l'ennemi, et à y réduire les pertes provenant du feu. Il doit fréquemment se tenir en garde contre la cavalerie ennemie.

184. Dans les attaques de nuit, il est de toute nécessité, pendant l'approche, d'éviter tout bruit, d'assurer les liaisons intérieures, et de maintenir sûrement la direction de marche. A cet effet, on aura recours aux formations les plus simples possibles: par exemple, les compagnies en ordre serré, côte à côte ou les unes derrière les autres; on gardera le flanc extérieur exposé; on interdira s'il le faut, de charger les armes; on fera suivre la réserve à proximité; enfin, on donnera

immédiatement l'assaut, sans chercher à agir par le feu.

Dans la marche, il est judicieux pour les compagnies d'employer une formation par le flanc, en se couvrant s'il y a lieu, par des patrouilles sur le front; mais, pour l'assaut, une formation de front est à recommander. Il y a parfois avantage à adopter une chaîne dense suivie de près par un soutien.

Eviter, dans tous les cas, de changer de dispositif au voisinage immédiat de l'ennemi; autrement, il est à craindre que l'on ne se fasse découvrir, et aussi, que l'on ne jette la confusion dans la troupe.

185. La nuit, on se trompe facilement de direction; on commencera donc par déterminer de jour, si possible, un alignement en avant ou en arrière pour assurer la marche. Faute de quoi il est bon de faire précéder la troupe d'un officier choisi, chargé de montrer la direction au moyen d'une lanterne sourde, de cordeaux, ou d'objets de couleur visible; si on se sert de lanternes, prendre garde de les laisser voir à l'ennemi.

Dans les mouvements de nuit, il faut se garder de changer de direction de marche en se laissant attirer par le bruit de la fusillade ou des hourras. Les hommes en première ligne veilleront sur leur allure et leur liaison, s'arrêtant s'il le faut de temps en temps pour rétablir le contact ou l'ordre perdus.

Si, en cours de marche, les troupes reçoivent un feu efficace ou sont recherchées par des projecteurs, il peut être bon de les arrêter temporairement en bon ordre, de manière à cesser d'attirer l'attention de l'ennemi et à réduire les pertes. Toutefois, il ne faut pas que cette précaution devienne une cause retardatrice du mouvement.

186. Le chef de bataillon choisit une place qui lui permette de jouer son rôle, à savoir, un point situé entre la première ligne et la réserve, d'où il puisse suivre le combat et commander son bataillon. Il s'attache à garder une liaison assurée avec son chef de régiment.

187. Lorsque le moment de l'assaut finit par devenir imminent, le chef de bataillon se rapproche de la première ligne pour se rendre compte de la situation générale de l'ennemi et de l'état de l'action dans son propre bataillon, ainsi que chez les troupes voisines; il sera donc à même de saisir l'occasion de charger. A ce moment, le chef de bataillon, par sa hardiesse, encourage ses subordonnés et conquiert le premier pas sur la voie de la victoire.

188. Si l'ennemi donne des signes de trouble, le chef de bataillon en profite immédiatement pour charger avec tout son monde. Toutefois, un commandant de compagnie en première ligne n'hésite pas à donner l'assaut de lui-même à la première occasion. Lorsqu'une compagnie charge,

les autres en font immédiatement autant, en tâchant de ne pas se laisser dépasser.

Lors même qu'un assaut vigoureux n'arrive à entamer qu'un point du front ennemi, le reste n'en est pas moins troublé. Si donc une compagnie audacieuse réussit un assaut avant l'attaque projetée par le chef de bataillon, celui-ci est responsable de la mise à profit de cette occasion pour tenter d'assurer le succès. C'est aller à l'encontre du but du combat du bataillon, que de laisser isolée et sans secours une compagnie qui a devancé les autres.

189. Il arrive parfois que l'assaut échoue devant une résistance opiniâtre. Dans ce cas, la troupe s'arrête sur un emplacement convenable, fait naître une nouvelle occasion de charger, et sans se décourager, renouvelle l'attaque jusqu'au bout.

190. Si l'assaut a réussi, toutes les troupes en première ligne entament immédiatement une poursuite énergique par le feu. Les troupes qui ne participent pas à cette poursuite se remettent vivement en ordre et se préparent à reprendre la marche en avant.

Lorsque les éléments ennemis sont sur le point de sortir de la zone du feu efficace, le chef de bataillon doit les poursuivre rapidement avec sa troupe, et achever leur déroute.

191. Lorsqu'un bataillon sur la défensive (1) reçoit l'assaut de l'ennemi, il doit continuer le feu avec le plus grand calme et profiter de l'affaiblissement de l'adversaire pour le contre-attaquer résolument. Si l'ennemi fait brèche dans la position, le chef de bataillon et tous ses subordonnés l'attaquent corps à corps de tout leur cœur et l'exterminent.

192. Si la retraite devient inévitable, le chef de bataillon fait appel à tout son sang-froid pour prendre une décision, et toutes les unités se comportent avec calme.

Dans l'exécution de la retraite, s'il existe encore une réserve, il est bon de commencer par lui faire occuper une position couvrante (*shi yo jinshi*); les troupes de première ligne se replient sous sa protection.

Une force en retraite qui se retourne face à l'ennemi pour venir en aide à la troupe couvrante, se met dans une situation dangereuse et complique la manœuvre de dégagement.

Si le bataillon n'a plus de réserve, c'est la portion le plus vigoureusement engagée qu'il faut laisser en arrière, avec mission de résister; les autres éléments se replient.

Si l'ennemi cesse d'être pressant, toutes les fractions se rassemblent et se portent vers le chef de bataillon.

(1) En japonais, *boshi:* contenir, maintenir.

193. Pour rassembler le bataillon, on place le fanion comme repère de l'emplacement. Les compagnies se portent par le plus court chemin à la ligne de colonnes. On indique au besoin la formation, ainsi que la position relative de chaque compagnie.

194. Le ravitaillement en munitions se fait conformément aux prescriptions du Règlement sur le Service en Campagne (1).

---

(1) Titre XI. p. 188.

CHAPITRE IV

INSTRUCTION DU RÉGIMENT

Le régiment est particulièrement apte à mener isolément une action complète sur un point donné, en raison de son unité d'instruction, de l'union de son corps d'officiers, de son organisation et de son historique.

196. Le chef du régiment commande au moyen d'ordres.

Rassemblement

197. La formation de rassemblement (*shugo taikei*) normale du régiment comporte une, deux, ou trois lignes de colonnes. Dans le rassemblement sur deux lignes, on place habituellement un bataillon en avant et au centre, ou bien derrière l'intervalle qui sépare les deux autres.

L'intervalle et la distance entre les bataillons sont habituellement de 20 pas. Le commandant du régiment se place à environ 20 pas en avant du front; l'adjudant de régiment (1), à sa gauche et en arrière; les sous-officiers de l'état-major du

(1) Officier monté.

régiment, en serre-files à la droite des sous-officiers de l'état-major d'un bataillon.

Le drapeau, entre les mains du porte-drapeau (*kishu*), se place à 15 pas devant le centre du front, ou en tête du régiment: il sert de base pour la marche quand le régiment est en mouvement. Si le régiment se déploie, le drapeau se porte au point fixé par le chef du régiment.

Le chef du régiment constitue une garde au drapeau (*gunki eihei*) avec cinq soldats d'élite de première classe (*itto sotsu*). La garde met baïonnette au canon; deux hommes se placent aux côtés du porte-drapeau; les trois autres forment le second rang.

Déploiement et combat

Le commandant du régiment fixe de temps à autre les emplacements du détachement de mitrailleuses, du personnel médical (*eiseibu in*) de chaque bataillon et des trains de combat (bagages légers: *shokori*).

198. Dans les formations de rassemblement, l'instruction se borne aux marches.

199. Le commandant du régiment donne à tous les bataillons leur mission respective. A cet effet, dans l'offensive, il montre à tous les bataillons l'objectif d'attaque du régiment et les limites de leur zone d'action particulière. Il fixe, à l'occasion, un objectif d'attaque à chaque bataillon. Dans

la défensive, il indique habituellement les limites du terrain à occuper par chaque bataillon.

200. D'après sa mission, la situation sur le front, et la couverture des flancs, le commandant du régiment détermine la force à mettre en première ligne au début du déploiement et l'effectif à maintenir en arrière comme réserve.

201. On doit réduire avec la plus grande économie la force mise en première ligne au début, car le régiment sera fréquemment appelé à mener le combat de bout en bout avec ses seules forces, sans pouvoir compter sur l'appui d'autres troupes.

202. Avant le déploiement, le chef de régiment réunit si possible les chefs de bataillon, leur expose la situation, leur indique le but qu'il s'est fixé, et leur assigne leur mission.

Le régiment une fois déployé, il est très difficile de déplacer le front latéralement ou de changer son orientation. On doit donc, avant de déployer, déterminer le front de combat aussi exactement que possible.

203. En ce qui concerne la réserve, on se conforme aux principes posés pour le bataillon; toutefois, le chef de régiment conservera dans sa main quelques éléments jusqu'au dernier moment; il prendra part à l'assaut avec le drapeau.

204. Les mitrailleuses doivent mettre à profit

leur grande rapidité de tir et la densité de leur cône de feu; leur mode d'emploi dépend de l'objet du combat et des circonstances du moment. Il faut généralement les faire agir en première ligne, non pas dès le début, mais alors que l'on recherche un effet d'extermination. Pourtant, dans la défensive, il est parfois nécessaire de leur assigner une mission définie et de les mettre en position dès le commencement de l'action.

Dans tous les cas, c'est en faire un mauvais usage que de les employer à longue portée, ou à des feux prolongés.

On se sert habituellement des mitrailleuses en masse (1); toutefois, on peut au besoin les séparer par couples.

205. Le chef de régiment choisit sa place d'après les principes exposés à l'Art. 186.

206. Le commandant de régiment rassemble rapidement son corps, dans l'attaque, après achèvement de la poursuite, dans la retraite, dès que la poursuite de l'ennemi a cessé d'être pressante.

---

(1) Il y a 6 mitrailleuses par régiment.

CHAPITRE V

INSTRUCTION DE LA BRIGADE

207. La brigade représente, dans le combat d'infanterie, la réunion de troupes la plus élevée. Groupant deux régiments, elle joue un rôle important, en tant qu'élément d'une unité stratégique, et elle fournit une puissante force combattante, en liaison avec les autres armes.

208. Le chef de brigade commande au moyen d'ordres:

FORMATION DE RASSEMBLEMENT

209. Le rassemblement de la brigade comporte le placement des régiments côte à côte ou l'un derrière l'autre.

L'intervalle et la distance entre les régiments sont ordinairement de 30 pas. Le chef de brigade se place à environ 30 pas en avant du centre du front de la brigade, avec son adjudant (1) à sa gauche et en arrière.

Déploiement et combat

210. Le chef de brigade répartit judicieuse-

(1) Un ou deux adjudants.

ment ses forces en accollant ses deux régiments, en leur fixant à chacun sa mission, et en les engageant de part et d'autre, mais en liaison intime.

Cependant, on peut au besoin n'engager qu'un régiment, pour commencer. Dès lors, comme il n'a pas l'appui de l'autre, il est obligé d'échelonner ses forces en profondeur. Le second régiment, de son côté, se rassemble en arrière d'un flanc du premier, dès le déploiement.

211. Le chef décide d'après la situation, si la brigade aura une réserve, quel régiment la fournira, combien de compagnies elle comprendra.

212. Le chef de brigade donne ses ordres pour le déploiement, conformément à l'Art. 202.

213. Le choix de sa place est très important pour le commandant de brigade: son poste doit lui permettre de suivre la marche générale de l'action, de diriger le combat de sa brigade, et de recevoir à temps les compte rendus. Au dernier moment, il doit se trouver près de la première ligne en temps voulu pour assurer l'unité des régiments et parachever le succès.

214. La brigade se distingue par nombre de points du régiment et du bataillon, quant à la répartition et à l'emploi des forces de combat. L'action de la brigade repose donc en grande par-

tie sur l'habileté de son chef dans les applications pratiques basées sur les principes fondamentaux donnés dans la Deuxième Partie, s'ajoutant à ceux qui sont exposés dans le présent chapitre.

Pr

PRI

1
pris
l'en
forc
ple
com
au
l'en
re
[illegible]
[illegible]
[illegible]
[illegible]
[illegible]

DEUXIÈME PARTIE

Principes fondamentaux du combat

CHAPITRE PREMIER

PRINCIPES GÉNÉRAUX DU COMBAT

1. Une bataille s'amorce généralement par la prise de contact de la cavalerie avancée avec l'ennemi; elle est entamée sérieusement par les forces chargées d'une mission spéciale, par exemple, les éléments de protection (1). Le chef qui les commande, responsable de cette protection, prend au plus vite les dispositions voulues pour arrêter l'ennemi, l'étudier, reconnaître le terrain, et assurer au commandant en chef les renseignements et le temps qui lui sont nécessaires pour prendre sa décision et arrêter des dispositions. En même temps, il s'efforce de dérober à l'ennemi les agissements des troupes amies. L'officier qui commande pendant cette phase s'applique à éviter

(1) Le règlement évite le terme d'avant-garde qui pourtant répond à plusieurs acceptions.

toute action décisive; néanmoins, il se saisit au plus vite et hardiment des points dont la possession est d'un intérêt général.

Le commandant en chef s'installe aussi près de l'ennemi que la situation le permet; il se fait accompagner du commandant de l'artillerie et des commandants de troupes ou de services nécessaires; il se rend compte de la situation de l'ennemi et de la sienne propre; il examine en particulier le terrain; il donne aux troupes de protection ou de service spécial les instructions relatives à leur mission; il arrête son plan pour prendre le dessus sur l'adversaire; enfin, s'il le juge bon, il déploie son gros.

2. La configuration du terrain de déploiement (1) exerce une grande influence sur la répartition des forces en vue du combat. En choisissant une ou plusieurs zones, on se préoccupera donc du déploiement ultérieur.

Le terrain de déploiement doit présenter les qualités suivantes: être dérobé aux vues de l'ennemi, être autant que possible, en dehors de la portée efficace de son feu, offrir des facilités pour la marche en avant et sur les flancs.

Une force qui se déploie adopte généralement des formations serrées; cependant, il y a parfois avantage à juxtaposer ses éléments en les laissant en colonne de route pour une progression ultérieure: c'est une question de terrain.

(1) Ou plutôt de dislocation des colonnes de marche.

Si l'infanterie et l'artillerie se déploient simultanément, la première abandonne autant que possible les chemins à la seconde et lui fait place. De même, si, dans la marche, des croisements de troupes sont inévitables, on prendra des mesures pour éviter la confusion.

Lorsque plusieurs corps se déploient dans une même zone, le plus ancien officier commandant prend les mesures de précaution voulues : il profite de la lenteur des mouvements pour faire reconnaître plusieurs lignes de marche, permettant de progresser en avant et latéralement sur un large front et à l'insu de l'ennemi.

3. Le commandant en chef, en ce qui touche la bataille en général, base sa décision sur les renseignements qui lui parviennent, et sur ses propres observations. Il envisage la manière de mener l'attaque ou la défense, le cas où l'action doit être retardatrice, etc. Il doit faire preuve d'un jugement aussi complet que rapide, car l'issue de la bataille repose entièrement sur la justesse de ses appréciations.

4. D'une manière générale, tout officier investi d'un commandement base sa décision sur sa mission, sur la configuration du terrain, et sur son appréciation de la situation de l'ennemi, mais, en premier lieu, sur sa mission : il ne doit donc jamais hésiter, sous prétexte que le terrain est

défavorable ou que les renseignements sur l'ennemi sont incomplets.

5. Lorsque le commandant en chef a pris son parti touchant la bataille, il donne immédiatement les ordres qui en découlent. Les ordres sont brefs, clairs et précis: ils mettent tous les chefs subordonnés au fait des intentions du commandement, de la situation des forces adverses et des troupes amies, de la mission dévolue à leurs troupes, aussi bien qu'aux éléments voisins, sur toute l'étendue du champ de bataille.

6. Pour donner les ordres, la méthode la plus commode et la plus sûre consiste à réunir d'avance tous les chefs subordonnés ou leurs agents de liaison, et à dicter l'ordre commun à l'ensemble. Toutefois, suivant le cas, il peut être avantageux de donner des ordres particuliers; on peut encore se contenter d'un ordre sommaire destiné à pousser rapidement les troupes sur les points voulus, sauf à le compléter ultérieurement par des instructions détaillées. On évitera dans tous les cas d'appeler d'un point éloigné un officier commandant une force engagée ou en mouvement.

7. Au reçu de l'ordre, l'infanterie entame l'exécution de sa mission: ainsi, elle commence ses mouvements d'attaque, ou bien elle occupe les points fixés, ou encore, elle prend une position

de rassemblement préparatoire à la manœuvre.

L'artillerie tire parti de son caractère spécial pour aider l'infanterie de toute la puissance de son feu. En particulier, l'artillerie lourde de campagne favorise les progrès du combat en ruinant les abris résistants ou en agissant à longue portée. Le choix de sa position, son commandement, exercent une influence considérable sur le résultat du combat; le commandant en chef, en faisant la répartition des troupes à engager, en indiquant son but général et son plan d'exécution, désigne approximativement l'emplacement de l'artillerie; pour le reste, il s'en remet au commandant de l'artillerie agissant dans les limites de ses attributions.

La cavalerie doit reconnaître l'ennemi et rendre compte à temps. Elle s'applique également à protéger les derrières et les flancs de l'armée, afin de permettre à l'infanterie et à l'artillerie de mener le combat sans autre préoccupation. La cavalerie en forces doit profiter des occasions de menacer les flancs et les derrières de l'ennemi pour tâcher d'influer sur la marche favorable de la lutte.

8. Dans le déploiement, les chefs subordonnés arrêtent la constitution de leur front de combat et l'échelonnement de leur troupe en profondeur (*jyucho kubun*), en raison de leur mission, du terrain, de leurs effectifs, et de la situation de l'adversaire.

C'est par l'emploi des forces réservées, que l'on peut peser sur la marche du combat ou faire face aux incidents imprévus. En d'autres termes : chercher la décision à l'endroit désiré, soutenir le point voulu, accélérer la marche de la ligne de combat, prévenir pour elle toute cause de trouble... ; ces diverses actions ne peuvent s'exercer que par le moyen des réserves.

9. La réserve est généralement composée d'infanterie et de génie ; en la constituant, on évite le plus possible d'entamer les unités.

10. L'emplacement de la réserve dépend de la situation, et en particulier, de la configuration du terrain. On le choisit généralement en arrière d'un secteur de la ligne de combat où l'on peut espérer une décision. S'il faut au début d'un engagement, placer la réserve en arrière du centre de la ligne de combat, on prendra garde de la tenir dérobée aux vues et au feu de l'ennemi, s'il y a lieu de la déplacer, après coup, latéralement.

On adoptera pour la réserve une formation permettant de la surveiller, adéquate au terrain, et favorable à la marche, sans toutefois perdre de vue la nécessité de réduire les pertes provenant du feu.

11. Les progrès ultérieurs du combat dépendent des efforts et de l'unité d'action de toutes les troupes. Tout officier exerçant un commande-

ment s'attachera donc à remplir sa mission sans jamais compter sur une aide étrangère. Quand même la situation viendrait à se modifier, il n'hésitera pas à adopter et à exécuter les mesures convenables, sans perdre son temps à attendre des ordres. Il fera appel à toute son énergie pour étendre à toute la ligne un succès partiel; de même, sa responsabilité, jusqu'au sacrifice de sa vie inclusivement, lui commande d'empêcher un échec local de s'étendre.

12. Pour qu'il soit possible de répondre judicieusement aux modifications du combat, les incidents nouveaux et les mesures prises doivent faire l'objet de notifications continuelles aux chefs en sous-ordre; ceux-ci s'empressent d'informer leur supérieur de leurs observations sur l'ennemi, de l'aspect du terrain, de leurs propres agissements, et de tous les détails relatifs au combat.

13. On s'abstiendra, dans les rapports, de toute considération pessimiste sur l'allure du combat, comme de toute exagération touchant l'ennemi. Lorsqu'on sent sa troupe en situation critique, il faut réfléchir que l'ennemi souffre tout autant, et s'abstenir de faire des demandes de renforts injustifiées.

14. Les officiers commandants des troupes juxtaposées ou combattant dans le même but doivent se maintenir en liaison réciproque, mais il ne

faut pas que cette préoccupation de liaison les fasse hésiter à remplir leur mission particulière.

15. Le commandant supérieur d'une infanterie au combat doit renseigner à temps le commandant de l'artillerie sur les dispositions et les mouvements de l'ennemi, ainsi que sur l'effet des batteries amies, etc., l'efficacité de l'artillerie en tirera un grand bénéfice.

De même, s'il est possible d'avertir le commandant de la cavalerie des mesures à prévoir ultérieurement, on facilitera grandement sa tâche.

L'infanterie est tenue de protéger l'artillerie voisine, si celle-ci est en danger.

16. Le poste de combat d'un officier commandant doit répondre à l'obligation d'observer l'ennemi et de surveiller les sous-ordres; il faut de plus penser aux vues sur les troupes voisines et à la transmission rapide des ordres, compte rendus et rapports. S'il est nécessaire de changer de poste, avoir soin d'assurer lesdites transmissions.

17. On peut adopter diverses méthodes pour ces transmissions: par exemple, des messagers tenus sur pied, des signaux convenus, des signaux improvisés temporairement: on aura avantage à user du télégraphe, du téléphone et des signaux à la main au moyen de fanions.

18. Au cours du combat, un officier comman-

dant (1) s'attachera à utiliser au mieux la configuration du sol pour y adapter les mouvements de sa troupe. Cette préoccupation ne doit pourtant pas porter atteinte à l'esprit d'offensive, ni conduire à retarder l'engagement ou à sortir des limites de la zone de marche.

19. Dans la défensive, il est de toute importance de recourir aux outils pour combler les lacunes du terrain utilisable. On n'hésitera pas, toutefois, à abandonner un ouvrage devenu inutile par suite d'un changement dans la situation.

Dans l'offensive, on emploie l'outil pour s'ouvrir des voies d'accès, pour suppléer au manque de couverts naturels permettant de se maintenir sur un point conquis, et dans tous les cas analogues.

En toute circonstance, l'infanterie doit être capable d'exécuter les travaux nécessaires sans aide du génie; de son côté, le génie doit servir de moniteur et d'aide à l'infanterie.

20. Dans la conduite du combat, c'est une grave erreur que d'envoyer successivement à la chaîne des renforts individuellement trop faibles pour répondre aux besoins : c'est se condamner à avoir toujours affaire à un ennemi supérieur; c'est renoncer à l'avantage de prévenir l'adversaire; c'est

---

(1) Ce terme, qui revient constamment, s'applique à l'officier de troupe.

s'offrir inutilement aux pertes; c'est risquer, enfin, de ruiner le moral de la troupe.

21. Au fur et à mesure des progrès du combat, l'infanterie donne à son feu la puissance maximum, pour en arriver, à la fin, à donner l'assaut. Avant le dénouement, l'artillerie concentre son feu sur le point d'attaque, les mitrailleuses agissent à plein dans le minimum de temps, le génie fraye au besoin la voie à la troupe d'attaque, la cavalerie menace les flancs et les derrières de l'ennemi: ainsi, toutes les armes travaillent en liaison à assurer le succès.

22. Lorsque la victoire paraît imminente, le commandement prend, sans perdre de temps, des mesures pour la poursuite: à ce moment, sa place est autant que possible, sur la première ligne.

23. Le parti victorieux, pour parachever le succès, exécute une poursuite audacieuse et résolue; il recherche l'anéantissement de l'ennemi.

24. La retraite dégénère facilement en une déroute où l'ordre est irrémédiablement perdu.

En conséquence, alors même que le combat se présente mal, le commandement s'efforce par tous les moyens de rétablir la situation compromise: l'infanterie augmente son feu et charge, au besoin; l'artillerie et les mitrailleuses concentrent leur action sur l'élément ennemi dont on a le plus à souffrir; la cavalerie fait des menaces contre les flancs de l'adversaire, bref, toutes les armes coopèrent dans l'effort pour enlever la victoire de haute lutte.

CHAPITRE II

DE L'ATTAQUE

25. En général, l'offensive est le seul moyen de vaincre. Le commandement attaquera donc toujours, à moins de circonstances inévitables. La condition nécessaire pour l'attaque est de marcher bravement à l'ennemi avec une volonté ferme.

26. Pouvoir disposer de forces supérieures au point d'attaque, tel est le secret de la répartition des forces dans l'offensive. Il est indispensable pour le succès de l'opération, d'engager une autre force contre le reste du front ennemi, afin de faciliter les progrès de l'attaque principale.

Comme point d'attaque, on choisira un point faible de la position ennemie, ou un objectif situé sur une direction dangereuse pour l'adversaire, en se basant sur la situation et plus spécialement sur la configuration du sol.

27. Il y a avantage à livrer une attaque enveloppante. L'enveloppement doit être préparé avant le déploiement, soit que l'on opère par marche simultanée de colonnes parallèles, ou que l'on ait recours à un élément appelé de l'arrière.

La pratique de l'enveloppement par la poussée d'une force déployée se limite au cas où le terrain est exceptionnellement favorable ou au cas où l'on échappe entièrement aux vues de l'ennemi.

Dans l'enveloppement, l'attaque doit être simultanée sur le front et sur le flanc adverses. En recherchant l'enveloppement sur les deux flancs à la fois, on risque d'affaiblir son propre front d'une manière dangereuse, à moins de jouir d'une supériorité numérique considérable.

L'enveloppement est en principe un emploi tactique des forces réservé au commandant en chef: l'attaque de chaque élément combattant vise simplement le front de l'ennemi installé dans la zone du champ de bataille qui lui est spécialement allouée.

28. Lorsque le commandement a arrêté la répartition des forces pour l'attaque, il donne des ordres fixant à chaque élément sa mission, les limites de sa zone de déploiement, et l'heure du commencement du mouvement. Il peut arriver que l'heure de la mise en marche ne soit indiquée qu'après le déploiement effectué.

29. Le déploiement s'exécute avec ordre et en liaison mutuelle: chaque élément se couvre convenablement pour éviter les incidents imprévus.

La cavalerie et l'élément de protection occupent sur le front les emplacements voulus pour couvrir le déploiement de l'infanterie. L'artillerie bat s'il le faut les batteries ennemies, pour faciliter le déploiement de l'infanterie; pourtant, afin de laisser l'ennemi le plus longtemps possible dans l'indécision, il est bon de n'ouvrir le feu d'artillerie qu'au moment où l'infanterie entame son attaque.

30. Tout élément déployé fait la reconnaissance de l'ennemi et du terrain sur son front, en vue de faciliter ses opérations ultérieures; il pourra donc être amené à refouler les détachements de sûreté adverses, mais en évitant autant que possible de provoquer un combat prématuré avant que le déploiement général ne soit en bonne voie.

31. On choisira pour les troupes en arrière un emplacement adéquat à leur rôle et présentant des facilités pour leur déploiement ultérieur.

La distance à laquelle on les maintient dépend de la situation, et, en particulier, de la configuration du sol.

En pays découvert, on prend une grande distance au début du combat, et on la réduit graduellement; cependant on prendra soin que deux échelons successifs n'aient pas à souffrir sumultanément d'une même gerbe de feu d'infanterie ou d'un même cône d'éclatement de shrapnel: la distance voulue est d'environ 300 mètres.

Lorsque la décision est imminente, les éléments

en arrière doivent se rapprocher de la ligne de combat, sans avoir égard aux pertes: la crise finale de la lutte est généralement très courte, et on ne dispose que de ce bref délai pour mettre en action les forces jusque-là réservées.

En pays couvert, on est souvent obligé de renforcer de bonne heure la première ligne; ainsi, dans nombre de cas, les distances seront réduites.

32. Les réserves se rassemblent autant que possible dans une formation adaptée au terrain et favorable au mouvement; si elles se trouvent exposées à un feu efficace, elles devront prendre une formation large ou ouvrir les intervalles entre leurs unités. Le commandement prendra garde à ce que, dans la circonstance, les sous-ordres n'échappent pas à son contrôle.

33. Les éléments déployés, marchant à l'attaque, font tous leurs efforts pour joindre l'ennemi.

L'artillerie accable l'adversaire de son feu pour faciliter la marche de l'infanterie; toutefois, son tir n'obtiendra pas l'effet voulu en temps utile contre un ennemi qui utilise le terrain ou qui s'abrite dans des ouvrages; l'infanterie ne perdra donc pas son temps à attendre le résultat de la lutte d'artillerie: au contraire, elle poussera de l'avant pendant le cours de ce duel.

34. Les troupes de première ligne progressent en formations serrées aussi longtemps que pos-

sible; elles prennent l'ordre ouvert un peu avant d'avoir à ouvrir le feu; elles agissent de même pour réduire les effets du feu adverse.

Si l'on peut s'approcher à couvert, il est bon de mettre en ligne dès le début un grand nombre de tirailleurs. Si au contraire on est forcé de progresser sous le feu, on ne renforcera la chaîne que progressivement.

35. Les effets du feu croissent à mesure que l'on approche. Le commandement s'efforcera donc de pousser une ligne de combat ininterrompue: en entretenant une ligne de feu supérieure, on abat la résistance adverse et on facilite la progression.

La chaîne n'est pas affectée uniformément par le terrain ni par le feu; une fraction trouve parfois des facilités particulières pour avancer; en pareil cas, l'occasion doit être saisie au vol.

Il arrive souvent qu'une fraction est chargée d'occuper un point avantageux, une hauteur, par exemple, sur la chaîne ou en arrière, pour aider de son feu la progression de la ligne.

36. Lorsque le combat d'infanterie est à son maximum d'intensité, l'artillerie soutient l'attaque en concentrant son feu sur la ligne d'infanterie adverse, et plus spécialement à l'endroit où l'on recherche la décision. Elle néglige les pertes que peut lui infliger l'artillerie ennemie. Elle re-

cherche les postes de mitrailleuses de l'adversaire, et s'efforce de les détruire.

A ce moment, une poussée audacieuse de l'infanterie obligera l'ennemi à démasquer ses forces, sur lesquelles on pourra exercer une action déprimante par un feu combiné d'infanterie et d'artillerie.

37. Pas un pouce de terrain conquis ne doit être cédé, c'est pourquoi l'assaillant recourt parfois à l'outil, mais il est interdit de coller au couvert improvisé et de faire traîner l'attaque.

Quand même la progression sous le feu est ardue, une infanterie énergique et avisée continue à gagner du terrain, tout en employant l'outil.

38. Le feu est impuissant à lui seul à chasser l'ennemi; l'assaillant recherchera donc le succès final par la charge.

L'artillerie concentre un feu écrasant sur le point d'attaque jusqu'au moment où l'infanterie est sur le point de faire irruption dans la position ennemie. Il est avantageux, dans cette phase, qu'un élément spécial d'artillerie accompagne l'infanterie jusqu'à l'emplacement d'où son action sera le plus efficace.

Au moment décisif, les mitrailleuses s'avancent résolument sans penser au danger, et font un feu intense: c'est alors que leur effet atteint son maximum.

Le génie est ordinairement chargé d'ouvrir des

voies d'accès en supprimant les obstacles, puis, la position enlevée, de l'organiser pour l'infanterie.

39. Les officiers commandant en première ligne ne laissent passer aucune occasion de donner l'assaut, car ce sont eux qui peuvent les premiers juger des effets du feu et des divers avantages à saisir. A ce moment, les forces en arrière suivent immédiatement la chaîne et la poussent en avant, s'efforçant d'achever le résultat de l'assaut. Les officiers supérieurs se portent de leur personne en première ligne, guettant l'occasion de charger, ou la faisant naître en renforçant la ligne d'éléments appelés de l'arrière.

Dès qu'un groupe donne l'assaut, toutes les troupes voisines en font autant, en liaison avec lui.

Après l'assaut, l'ennemi continue parfois sa résistance, ou multiplie les tentatives de contre-attaques. Officiers et troupes doivent donc lutter de toutes leurs forces jusqu'à ce que le résultat de l'assaut soit assuré.

40. Les troupes d'assaut doivent être munies des outils de destruction, grenades à main, etc., nécessaires; au besoin, on leur attache des soldats du génie. L'emploi des grenades à main prendra l'ennemi au dépourvu, si l'on charge immédiatement après en avoir fait usage. Si l'on s'attarde

à échanger des grenades avec l'adversaire, on laisse s'éteindre l'ardeur de l'attaque.

41. Les troupes d'assaut ne se contentent pas de chasser l'ennemi de sa position: elles recherchent son extermination; elles poussent donc jusqu'à un emplacement qui permette de poursuivre par le feu. Les éléments qui ne trouvent pas leur emploi dans le feu de poursuite se remettent vivement en ordre pour parer aux retours offensifs et s'apprêtent à une reprise du mouvement.

Des fractions de l'artillerie et des mitrailleuses prennent part à la poursuite par le feu en se portant rapidement sur une position favorable au tir.

Ne pas oublier qu'en montrant de gros rassemblements ou en présentant un objectif visible, on subira immédiatement des pertes sanglantes, surtout du fait de l'artillerie ennemie.

42. Si l'assaut est repoussé et qu'on dispose encore d'une réserve groupée, on fait appel à cette force pour revenir à la charge deux et trois fois. Même en l'absence de tout soutien, les cadres feront appel à toute leur énergie, les hommes, à tout leur courage pour limiter le recul à son minimum; on ouvrira un feu meurtrier, on ravivera l'ardeur offensive, et on renouvellera l'assaut sans trêve, jusqu'à ce que le but soit atteint.

Du combat de rencontre *(Sogusen)*

43. Dans le combat de rencontre, il y a un

intérêt majeur à devancer l'ennemi. On fera donc au plus vite et sans tergiverser la répartition des troupes pour le combat. On aboutit généralement à un échec en ajournant sa décision à la reconnaissance détaillée du terrain ou à la réception d'une collection de rapports sur un ennemi dont, après tout, la situation est essentiellement changeante.

En conséquence, le commandant supérieur se portera le plus en avant possible et prendra un parti ferme, en appréciant le cas d'après ses propres observations et d'après les renseignements déjà parvenus; il indiquera rapidement ses intentions à ses subordonnés et particulièrement à son commandant d'avant-garde (1) (*zen-ei shireikan*), pour leur donner une directive, et il prendra des mesures pour appeler rapidement son gros sur le champ de bataille.

Rien n'exige comme le combat de rencontre, de la décision et de l'initiative de la part du commandement: chacun, à tous les degrés de la hiérarchie, s'efforcera donc d'agir conformément aux vues de son chef direct.

44. Le commandant de l'avant-garde s'efforce de remplir sa mission, sans négliger aucune chance, en disposant ses troupes conformément

(1) Ce terme est employé pour la première fois, dans l'étude du « Combat de rencontre » ; le règlement japonais lui donne donc un sens moins large que la plupart des règlements européens.

aux instructions de son chef, ou, au besoin, de sa propre initiative. Il n'hésite pas à se saisir des points importants, futurs points d'appui de combat, malgré la probabilité de provoquer un engagement ou d'exagérer l'extension de son front. Tout officier commandant une fraction de l'avant-garde se conformera au même principe.

45. Dans une action de rencontre, il faut devancer l'ennemi dans le déploiement des troupes. Le commandement trouvera donc avantage à faire déployer les corps directement en partant de la colonne de route.

Une force qui passe de la colonne de route au déploiement, prend d'elle-même les mesures de sécurité voulues et réduit graduellement sa profondeur, pour faciliter la manœuvre.

46. Le commandement doit viser à grouper toutes les forces pour le combat; cependant, s'il veut confirmer ou pousser les avantages conquis par l'avant-garde, il est forcé d'engager les éléments du gros au fur et à mesure de leur arrivée.

47. S'il y a lieu de redouter que l'ennemi ne prenne les devants dans le déploiement, on évitera soigneusement tout engagement sérieux jusqu'à ce qu'il soit possible de mettre en ligne des effectifs suffisants; on pourra prendre les dispositions préparatoires de combat à la distance voulue de l'ennemi, on évitera le risque d'enveloppe-

ment, et on échappera au désavantage d'avoir tout le temps à lutter contre des forces supérieures.

Attaque d'un ennemi occupant une position défensive

48. Devant un ennemi qui occupe une position défensive, l'assaillant a généralement le temps de faire la reconnaissance de l'adversaire et celle du terrain, de choisir le moment, la direction et la méthode de l'attaque. Le chef commence donc par élaborer minutieusement son plan et faire des préparatifs suffisants.

La valeur de la position ennemie affecte sérieusement le plan d'attaque. Le commandant en chef en fait donc personnellement la reconnaissance la plus complète, ajoutée aux rapports qu'il reçoit de la cavalerie, de l'avant-garde, etc.

49. Le commandant en chef commence par donner ses ordres pour la dislocation préparatoire des troupes. A ce moment, l'avant-garde évite de provoquer un engagement, mais elle se tient prête à arrêter l'offensive ennemie, car malgré sa situation défensive, un parti actif est très capable d'attaquer, dès que les têtes de colonnes de l'assaillant sont en vue.

50. Lorsqu'il a arrêté son plan d'attaque, le commandant en chef convoque les chefs sous ses ordres, leur donne ses instructions, et fait pren-

dre aux troupes les positions préparatoires d'attaque. Celles-ci sont choisies à l'abri du feu ennemi, mais aussi rapprochées de lui que possible.

Dans l'ordre pour la prise des positions préparatoires d'attaque, on indique aux troupes les limites de leur zone de déploiement, et, si possible, leur objectif; elles gagnent ladite position en prenant les précautions voulues. Suivant le cas, les bataillons qui constituent la première ligne restent rassemblés, ou se déploient.

51. Quand toutes les troupes ont pris leurs positions préparatoires d'attaque, le commandant en chef ordonne à l'artillerie d'ouvrir le feu, et à l'infanterie de prendre l'offensive.

52. Dans nombre de cas, on trouvera avantage à se rapprocher intimement de l'ennemi à la faveur de l'obscurité de la nuit, lorsque l'effet de l'artillerie est insuffisant, ou quand il n'y a pas nécessité de livrer une attaque de vive force en plein jour.

53. Au cas où la position est extrêmement forte, on se trouve parfois forcé d'exécuter l'approche en créant des positions préparatoires d'attaque successives. Ce procédé a le désavantage d'exiger tellement de temps que l'ennemi a toute liberté de renforcer ses défenses.

Dans ce genre d'attaque, l'artillerie a un grand

effet, surtout l'artillerie lourde de campagne; c'est généralement par l'emploi en masse qu'on lui fait rendre toute son efficacité.

CHAPITRE III

DE LA DÉFENSE

54. Une troupe sur la défensive tend à tomber dans la passivité et à perdre toute liberté de manœuvre. Elle doit donc profiter de toutes les occasions pour prendre délibérément une attitude offensive.

En général, dans la défensive, il est de toute nécessité d'être renseigné sur la situation de l'ennemi, et surtout, sur ses intentions. La cavalerie doit s'y employer par tous les moyens.

55. Si la défensive a pour but ultérieur une victoire décisive, elle doit se doubler de mouvements offensifs. Si au contraire, elle ne vise qu'à arrêter l'ennemi, la troupe se borne à se maintenir de son mieux sur sa position.

56. Il est de toute importance pour les troupes en position, de pouvoir donner à leur feu son maximum de puissance. En conséquence, en choisissant les emplacements, le commandant supérieur aura spécialement en vue l'emploi de l'artillerie. La zone en avant d'une position doit permettre à ses défenseurs de prendre l'offensive.

Une position doit répondre à l'effectif chargé de la défendre. On utilisera avantageusement une hauteur, un village, un bois, etc.; on laissera de côté tout point d'appui qui ne permet pas de prendre l'offensive.

Les meilleures conditions se trouvent réunies, si le terrain en avant de la position est découvert et se prête au feu à longue portée, si l'intérieur et les derrières de la position présentent des communications faciles, et si ses flancs reposent sur de solides points d'appui.

57. Pour occuper une position, on commence par se couvrir par une troupe de protection lancée en avant. Si l'ennemi est proche, on pourra affecter à ce rôle quelques éléments d'infanterie chargés d'exercer une résistance provisoire; il suffira en général de faire reconnaître l'ennemi par la cavalerie, avec mission de le retarder si possible.

La troupe de protection (*engotai*) se replie en temps voulu en prenant soin de ne pas gêner le feu de la position.

58. On divise la position en secteurs, d'après le but de la défense, la configuration du sol et les facilités du commandement; on affecte à chaque secteur l'unité complète (*kensei butai*) qui convient; celle-ci fournit sa propre réserve.

Le nombre des secteurs ainsi que leur garnison respective varient suivant la situation: on affecte un gros effectif à un secteur qui doit être le point de départ d'une offensive ou qui n'a qu'un mauvais champ de tir; on multiplie les secteurs lorsque les communications sont malaisées à l'intérieur de la position.

59. Il est rare que toutes les parties d'une position aient la valeur voulue: on remédie aux défectuosités par la répartition judicieuse des forces et par la construction de défenses.

60. La position d'infanterie est généralement choisie en avant de celle de l'artillerie, de manière à la couvrir, en permettant l'action combinée du feu des deux armes contre l'infanterie ennemie. Bien que la distance entre les deux positions varie avec le terrain, on peut, en plaine, l'évaluer à 500 mètres.

L'artillerie et les mitrailleuses doivent pouvoir agir avec toute leur puissance dans la direction où l'attaque est probable, et, au moment du passage à l'offensive, elles doivent être à même de battre efficacement la zone d'opération.

61. On renforce la position d'ouvrages en raison du temps disponible; les travaux de chaque secteur sont en général exécutés par sa garnison. Le commandant supérieur est responsable de l'unité d'exécution de l'ensemble en vue du but général.

L'ennemi ne doit disposer d'aucune zone abritée: le commandant supérieur répartit donc le terrain à battre entre tous les secteurs; l'angle mort en avant d'un secteur doit être enfilé par les secteurs voisins.

On ne laissera pas complètement les travaux de côté, là-même où leur utilité est problématique. si la situation change, on n'hésitera pas, au besoin, à abandonner tous les travaux construits.

62. Les ouvrages de défense ne doivent pas être tracés en lignes de résistance successives: on n'organise qu'une position, et le plus fortement possible. La ligne de feu n'est pas continue: on la partage en groupes. Si les troupes de défense d'un secteur sont nombreuses, il y a généralement lieu de tracer des groupes d'ouvrages pour bataillon. L'intervalle entre les groupes, le terrain en avant de chacun d'eux, doivent être battus efficacement par les groupes voisins. Les mitrailleuses trouveront à ce rôle un emploi judicieux.

Le personnel du génie ne se contente pas de diriger ou d'aider les travailleurs: il se charge de la construction des parties importantes des ouvrages.

63. Il faut dissimuler à l'ennemi le plus longtemps possible, la position et surtout ses défenses; on emploie pour cela divers moyens, mais il faut avant tout tenir l'ennemi éloigné en détachant des patrouilles ou un élément de couverture en avant de chaque secteur.

On construit parfois de faux ouvrages destinés à tromper l'ennemi sur l'effectif et la disposition des forces.

64. Si la garnison occupe prématurément la

position, il est à craindre qu'elle ne la décèle à l'ennemi; en outre, si la situation tactique nécessite un changement de dispositif, la manœuvre sera si difficile qu'en fin de compte, ce seront les ouvrages qui commanderont l'emploi de la troupe. Si la garnison occupe tardivement ses défenses, elle perd l'occasion d'infliger des pertes à l'ennemi pendant sa marche d'approche.

Les nécessités ne sont pas simultanées pour toutes les parties de la ligne: le commandant de chaque secteur est donc responsable de l'emploi de sa troupe en temps voulu.

65. Les réserves de secteurs doivent être maintenues aussi rapprochées que possible du front, grâce à l'emploi du terrain, de manière à pouvoir renforcer à temps la première ligne. A cet effet, on leur créera s'il le faut des abris (*entai*). On fera également les travaux nécessaires pour faciliter le débouché des forces.

66. L'emplacement de la réserve générale dépend de son effectif, des conditions de l'engagement, et de la configuration du terrain. On le choisira en vue de prendre l'offensive sans difficulté dès que l'occasion s'en présentera. Sa place se trouvera donc généralement en arrière d'un flanc de la position, de manière à permettre d'envelopper l'aile extérieure ou un flanc de l'attaque.

67. Pour les liaisons et communications entre

les troupes, il est particulièrement important, dans la défensive, de poser des lignes téléphoniques, de poster des messagers, et d'établir des boyaux de communication.

Tout officier commandant doit rendre compte en temps voulu de ce qui se passe de son côté: c'est le seul moyen de permettre au commandement de saisir l'occasion de prendre l'offensive.

68. Plus on montrera de jugement dans le choix de la position, la construction des ouvrages, l'établissement du réseau de communications et la répartition des forces, plus on pourra économiser sur les troupes de défense, et plus on consacrera à la réserve générale d'effectifs disponibles pour l'offensive: première garantie en vue de la victoire.

69. Le moment de l'ouverture du feu varie avec le but du combat et les disponibilités en munitions: on n'ouvre le feu que si l'ennemi est à portée efficace.

Il est important d'être abondamment pourvu de munitions.

70. L'action défensive se développe avec l'approche de l'ennemi. Plus la distance diminue, et plus la garnison doit montrer de sang-froid en donnant à son feu toute la puissance qui lui assure un effet d'extermination.

71. Si l'attaque est arrêtée par le feu ou commet une faute flagrante, le commandement supé-

rieur utilise immédiatement la réserve générale pour prendre l'offensive. A ce moment, on fera attaquer par tout ou partie de la garnison.

72. La portion de la garnison maintenue sur la position donne à son feu toute l'intensité et l'efficacité désirables pour enlever à l'ennemi la possibilité de soutenir ses troupes.

73. Si l'ennemi fait brèche dans la position, la garnison lutte bravement jusqu'au bout. S'il reste encore en arrière quelque élément groupé en ordre, cette force attaquera audacieusement, à la faveur de la confusion, et tâchera de reconquérir le terrain perdu.

CHAPITRE IV

POURSUITE. — RETRAITE

74. Comme suite ordinaire d'un combat victorieux, on voit la troupe, éblouie par les contingences, se contenter d'un demi-succès, répugnant à pousser hardiment, de sorte que le triomphe final est manqué, faute du coup de grâce.

Tout officier commandant de troupe entamera une poursuite énergique dès que l'adversaire lâchera pied, s'accrochant à lui pour l'exterminer et parachever le succès. Au moment de battre en retraite, l'ennemi charge parfois un élément de contr'attaquer, pour se dérober à la faveur de sa manœuvre: c'est un procédé fréquent dans les actions livrées de nuit ou par brouillard épais. En pareil cas, se garder de laisser échapper l'occasion de poursuivre, en se laissant impressionner par la contre-attaque.

75. Toute fraction qui a fait brèche dans la ligne ennemie doit exécuter la poursuite par le feu; quand l'adversaire est sur le point de sortir de la zone d'efficacité de son tir, elle se met en marche et entame une poursuite énergique et audacieuse. C'est alors qu'une pointe hardie de la cavalerie pourra jeter le désordre chez l'ennemi et

peser considérablement sur le résultat de la poursuite.

Le commandement organise au plus tôt en détachement de poursuite tous les éléments relativement groupés et en situation de déboucher; il charge ce groupe d'exécuter la poursuite: tous les éléments qui s'y étaient consacrés jusque-là reçoivent l'ordre de se reformer et de se tenir prêts à reprendre la marche.

76. Après le combat, si le vainqueur est las, le vaincu est encore plus éprouvé, physiquement et moralement: son état atteint les limites de l'épuisement. Le vainqueur mettra donc tout son cœur dans la poursuite pour assurer l'achèvement de la victoire. Dans cette période, tout officier commandant doit exiger de ses subordonnés un effort suprême..

77. Si l'action prend une tournure défavorable, le commandement doit prendre à temps son parti: forcer la chance par une action décisive, ou renoncer à la lutte.

Si les troupes sont encore échelonnées en profondeur, il est possible de les répartir judicieusement en vue du mouvement de repli. Mais c'est une grave erreur que de réserver des éléments avec l'idée préconçue de les employer à couvrir la retraite, sans se décider à les mettre en action pour chercher la victoire.

78. La première condition à remplir en pres-

crivant la retraite est de dégager la troupe au plus tôt. Le commandant supérieur assure donc autant que possible la marche sur plusieurs colonnes parallèles; il indique clairement et d'une façon ferme l'objectif de marche, la force couvrante (*shuyo butai*) et la position de couverture (*shuyo jinshi*); après s'être assuré que la retraite est en bonne voie, il devance les troupes à l'endroit voulu pour y attendre leur arrivée et prendre de nouvelles dispositions. Tout le reste est du domaine de ses sous-ordres.

On choisit, d'après la situation générale, une position de couverture qui permette aux troupes de se rassembler et se replier sous sa protection. Comme force couvrante, on emploiera autant que possible une troupe fraîche, à laquelle on rattache de l'artillerie et des mitrailleuses. Il y aura grand avantage à ce que la force couvrante puisse passer directement au rôle d'arrière-garde (*koei*) (1).

79. Toute troupe engagée emploie s'il le faut ses éléments réservés à couvrir la retraite de sa première ligne: elle recherche une position de couverture sur le flanc de sa zone de repli; la troupe de protection interdit à l'ennemi une poursuite pressante et assure la première ligne contre la déroute.

80. S'il n'y a plus d'échelonnement en profon-

(1) Même remarque que plus haut, pages

deur, ou que la première ligne se trouve refoulée, l'infanterie ne peut que se replier dans sa formation du moment, et dans une direction perpendiculaire au front. L'artillerie et les mitrailleuses ne songent à ce moment qu'à cribler l'ennemi pour dégager leur infanterie, sans regarder aux pertes.

La cavalerie se consacre spécialement à la protection des flancs et des derrières, pour garantir l'infanterie contre toute surprise: conformément à la situation, elle agira avec hardiesse, pour dégager les troupes amies.

81. Le principe fondamental de la rupture du combat est l'obligation de prolonger la résistance là où l'attaque ennemie se manifeste avec le plus d'acharnement.

Si la situation le permet, on attend la nuit pour se replier. En vue de dissimuler à l'ennemi le projet de retraite, on peut lui infliger une contre-attaque énergique et audacieuse dont on profite pour se dégager.

CHAPITRE V

DES ACTIONS DE NUIT

82. La nuit permet d'aborder l'ennemi en lui cachant les effectifs et les projets d'attaque; par contre, elle supprime les vues et entrave les mouvements: d'où difficulté pour l'action d'ensemble de la troupe et pour l'unité dans le commandement, d'où, enfin, des erreurs fréquentes.

La nuit se prête à différentes manœuvres: une grosse unité l'utilise pour sa marche d'approche; une petite, pour donner l'assaut; il arrive même qu'une force considérable se trouve forcée d'attendre l'obscurité pour pousser son attaque.

83. En perspective d'une action de nuit, le commandant supérieur arrête par tous les moyens un plan détaillé; il réunit, de jour, autant que possible, tous les chefs en sous-ordre, et leur donne ses instructions, de manière à leur permettre de prendre leurs dispositions. Les ordres portent l'indication nette des objectifs et des lignes de marche des divers éléments, les moyens de liaison et de reconnaissance, et, s'il le faut, les points de rassemblement. Il y a quelquefois avantage à indiquer d'avance les premières mesures à prendre dès l'achèvement d'un mouvement défini.

84. Dans le cas d'une attaque de nuit contre une forte position, les troupes organisent la protection de leur front, immédiatement après leur arrivée aux points prescrits; on fait usage de sacs à terre si la dureté du sol ne permet pas l'emploi de l'outil, ou si l'on veut éviter d'attirer l'attention de l'ennemi. Les travailleurs doivent être prêts à une action immédiate; la protection n'est assurée que par des patrouilles: on s'abstient d'envoyer des détachements.

L'artillerie, spécialement l'artillerie lourde de campagne, tire pendant le jour sur les batteries et les défenses adverses; elle continue au besoin son feu, la nuit tombée. Il y a avantage à rapprocher l'artillerie à la faveur de l'obscurité, vers le moment où l'infanterie occupe sa position finale d'attaque: on ne néglige aucune mesure pour aider à l'assaut de l'infanterie.

Le génie, en liaison avec l'infanterie, supprime les obstacles et s'oppose aux tentatives de reconstruction de l'ennemi.

Pour quitter la position d'attaque finale et livrer l'assaut, on choisit son heure d'accord avec la condition suivante: il faut que le jour se lève au moment où, la position enlevée, la poursuite peut commencer. L'artillerie et la cavalerie seront ainsi à même d'utiliser leurs propriétés.

Si l'on possède des renseignements complets sur la situation de l'adversaire, on peut donner l'assaut en pleine nuit.

85. L'attaque de nuit est presque exclusivement l'affaire de l'infanterie. Le secret, pour y triompher, consiste à aborder l'ennemi à l'improviste, pour rechercher la décision à la baïonnette: l'action par le feu est à éviter: elle est inefficace, elle trahit la présence de l'assaillant, et elle retarde la marche.

Dans l'attaque de nuit, on met en première ligne dès le début l'effectif nécessaire pour enlever la décision: les unités sont autant que possible maintenues rassemblées. La réserve est postée au plus près de la première ligne, mais on évite de la laisser entraîner prématurément au combat.

86. La nuit, on entame l'assaut du plus près possible: les officiers, tenant leurs subordonnés dans la main, font irruption avec audace dans la position ennemie. L'assaut réussi, les unités s'empressent de se remettre en ordre, se tiennent sur leurs gardes contre une tentative de retour offensif, et commencent la poursuite le plus tôt possible.

87. La nuit, il est plus difficile de se défendre que d'attaquer: la défense pousse donc des éclaireurs en avant de la ligne, éclaire artificiellement le terrain, emploie tous les moyens pour se garantir contre une surprise. La garnison de la position prend d'avance des dispositions de tir de nuit pour battre les directions probables d'attaque; elle place notamment des mitrailleuses aux points qui

permettent d'enfiler les directions de marche de l'ennemi. Si l'on s'aperçoit que ce dernier fait des travaux à proximité de la position, il y a quelquefois avantage à le troubler en faisant faire une sortie par un petit groupe.

88. Si l'on tente de modifier la répartition des forces au moment d'une attaque de nuit, on aboutira généralement au désordre. Donc, si l'on prévoit l'attaque, on placera l'effectif nécessaire sur la ligne de feu, on tiendra les réserves à proximité, et on prendra les mesures voulues pour pouvoir renforcer au plus vite la première ligne.

89. Dans la défensive de nuit, il est impossible d'escompter la coopération des troupes voisines ou l'appui en temps utile, des forces de seconde ligne. Toutes les fractions se cramponneront donc énergiquement à leur terrain en s'efforçant d'anéantir l'ennemi par un feu intense à courte portée. En d'autres termes, quand l'ennemi est à vous toucher, l'accabler d'un feu écrasant ou le cribler de grenades à main; puis, au moment suprême, contr'attaquer à la baïonnette avec la dernière énergie.

CHAPITRE VI

DE L'ACTION RETARDATRICE

90. Le but d'une action retardatrice est de gagner du temps en évitant toute décision.

Une troupe en mission de couverture adopte généralement l'action retardatrice, si elle ne peut éviter de s'engager. Une troupe engagée de front emploiera parfois le même procédé, en attendant que les éléments chargés de la manœuvre enveloppante ou du mouvement tournant aient trouvé leur emploi.

91. Dans ce genre d'action, il faut maintenir l'ennemi le plus éloigné possible; l'artillerie en forces y jouera un rôle important.

92. Dans l'action retardatrice, la répartition des troupes varie notablement avec le but, le temps à gagner, et la configuration du sol. Il faut garder une réserve importante en vue d'une nouvelle distribution des forces répondant aux vues ultérieures du commandement.

Dans tous les cas, les fractions employées en première ligne doivent prendre un front supérieur à celui qui correspond à leur effectif.

93. Un détachement préposé à une action retardatrice doit parfois exécuter une fausse attaque pour remplir sa mission.

CHAPITRE VII

ACTION EN PAYS DE MONTAGNE
ACTION DEVANT UN COURS D'EAU

94. L'effet tactique d'une région montagneuse varie suivant son étendue et l'importance de ses hauteurs. La montagne complique généralement la direction d'une grosse masse: les zones de déploiement sont étroites, les communications difficiles, les mouvements pénibles. Par contre, elle permet à une troupe de dissimuler à l'adversaire sa force et ses mouvements, et, même à infériorité de nombre, de le tenir en échec.

Généralement, en montagne, il est impossible de compter sur une coopération harmonieuse de troupes avoisinantes, et il faut faire grand fonds sur l'initiative des sous-ordres.

95. En montagne, dans l'offensive comme dans la défensive, on occupera les positions qui dominent l'ennemi; l'artillerie, en particulier l'artillerie de montagne, les mitrailleuses, s'emploieront à balayer les routes, les vallées et les pentes. On s'appliquera à organiser un réseau complet de communications. Une force, même minime, qui occupe le point le plus dominant, a l'avantage de

plonger sur l'adversaire, dont le moral se trouve sérieusement affecté.

Une région montagneuse offre de nombreuses occasions de pratiquer le tir masqué (*juso shageki*).

96. En pays de montagne, l'assaillant doit rechercher l'enveloppement en progressant par les routes, vallées ou crêtes qui mènent au flanc de l'ennemi; il menace ses derrières, il lui coupe la retraite, par des mouvements tournants à grande envergure.

L'attaque vise les points d'appui de la position ennemie et les cols importants en utilisant si possible les angles morts; elle est soutenue par des éléments postés sur les points dominants, et chargés de battre les positions adverses.

Il arrivera fréquemment que l'ennemi fasse une contre-attaque au moment où les troupes d'assaut gravissent les pentes. Les réserves suivent donc de près la première ligne.

Le moment d'infliger à l'ennemi les pertes les plus sérieuses se présente généralement dès qu'on l'a délogé des crêtes; une vigoureuse poursuite par le feu est alors des plus efficaces; une partie des pièces d'artillerie et des mitrailleuses, surmontant toutes les difficultés, se hâtent de venir prendre part au feu.

97. Dans la défensive en pays de montagne, il faut tenir solidement toutes les routes qui con-

duisent à l'ennemi. Si les communications sont faciles, on économise sur les garnisons des secteurs, et l'on garde une forte réserve générale en un point pourvu de débouchés, en vue de prendre rapidement l'offensive à la faveur de la dispersion des éléments adverses.

Si les communications sont difficiles, il est bon de répartir la réserve générale entre plusieurs emplacements. De même, on renforcera judicieusement dès le début la garnison de chaque secteur, en vue de lui permettre de livrer son combat indépendant. Dans ce dernier cas, le front s'étend forcément, mais on aura finalement le dessus si chaque secteur lutte bravement pour son compte, car, en pays de montagne, un échec local affecte relativement peu l'ensemble de la situation.

98. En montagne, la défense occupe les cols importants et les crêtes, de façon à pouvoir battre de son feu les vallées et les pentes: des mesures sont prises pour flanquer les angles morts: l'emploi rationnel de l'artillerie et des mitrailleuses est d'un grand effet.

On s'efforcera de dissimuler par tous les moyens les ouvrages de défense des sommets et des versants, pour les soustraire au danger des feux concentrés.

Lorsque l'attaque se manifeste, la défense s'efforce d'y jeter le désordre par son feu, puis, profitant de ses pertes et de son épuisement physique, elle contr'attaquera avec énergie et audace, pour achever l'adversaire.

Une garnison de secteur qui n'a pas été attaquée ou qui a refoulé l'ennemi, débouchera sur le flanc ou les derrières de l'assaillant d'un secteur voisin et l'attaquera; elle aura soin de laisser une garde dans sa propre position.

99. Dans une opération sur une rivière, il est très difficile de franchir le cours d'eau devant l'ennemi. L'assaillant exécutera donc son passage au plus vite, en surprenant l'adversaire ou en le trompant par une fausse manœuvre. Le matériel de pontage, les barques, radeaux, etc., seront apprêtés à l'insu de l'ennemi.

Les travaux de pontage se font autant que possible de nuit et doivent être achevés avant le jour. On les couvre en faisant passer d'avance de l'infanterie sur la rive opposée au moyen de bateaux ou de radeaux: cette force s'installe sur un point important et prend ses dispositions de protection; on lui adjoint au besoin de la cavalerie et de l'artillerie. On dispose l'artillerie de la rive amie à portée de positions permettant de concentrer le feu sur l'ennemi qui chercherait à s'opposer au passage.

Au cours même des travaux de pontage, le commandement s'efforcera de faire passer de l'infanterie à la suite de la troupe de couverture, en utilisant les barques, les radeaux et les gués.

100. Le secret de la défense d'une rivière consiste à prendre l'offensive en saisissant l'adversaire en flagrant délit de passage. A cet effet, on disposera un élément de sûreté à chaque point probable de franchissement, et on gardera le gros sur un emplacement qui permette d'aller au-devant de l'ennemi, où qu'il se présente. On n'exécute la défense directe d'une rivière avec un dispositif en cordon, que si le terrain est exceptionnellement favorable, ou si l'on ne vise qu'à une action retardatrice.

La défense ne doit pas se laisser égarer par des démonstrations; pourtant, comme il lui faut se porter vivement au vrai point de passage, elle se renseignera en poussant de la cavalerie au loin sur la rive opposée.

La défense donne tous ses soins aux communications et aux liaisons.

Tout pont dont l'ennemi pourrait faire usage doit être détruit: tout au moins, on prépare sa destruction. On reconnaît les gués; enfin, on exécute au besoin les ouvrages voulus pour augmenter les difficultés de l'adversaire.

CHAPITRE VIII

COMBATS DE BOIS — COMBATS DE LOCALITÉS

101. Les bois et localités semés sur l'étendue du champ de bataille deviennent souvent des centres de combats: la défense y trouve de solides points d'appui; l'attaque y recherche des points de départ d'offensive.

Par contre, ils entravent le mouvement, gênent les vues, et compliquent l'exercice du commandement. Les subordonnés y échappent facilement au contrôle de leur chef: à ce dernier d'y prendre garde.

Dans une attaque de bois ou de localité, c'est à l'extérieur que l'assaillant doit rechercher la décision.

Dans la défense, ce sont les lisières bien définies qui sont en butte au feu concentré de l'ennemi: on maintient donc à l'extérieur l'artillerie et les réserves.

102. Une troupe qui a pris pied sur la lisière d'un bois doit s'efforcer de gagner la lisière opposée sans perdre le contact de l'ennemi, en se reformant rapidement, sans perdre ses liaisons

ni sa direction de marche. Si le bois est mince, on poussera la charge jusqu'à la lisière opposée.

103. Dans une traversée de bois, on doit prendre garde de perdre la direction et se tenir constamment prêt au corps-à-corps: les éléments de première ligne restent donc aussi groupés que possible et se couvrent en avant et sur les flancs par quelques éclaireurs ou patrouilles.

104. Dans l'occupation d'un bois, il est judicieux de placer la ligne de feu en arrière de la lisière, autant que les arbres ne gênent pas le tir, en s'abstenant d'occuper les portions de lisière qui attirent l'attention: c'est le cas, avec un bois clairsemé; s'il s'agit d'un bois touffu, on a parfois avantage à placer la ligne en avant, en n'utilisant le masque de verdure que pour dissimuler les troupes en arrière.

Si l'ennemi prend pied sur la lisière du bois, on profitera de son désordre pour s'efforcer de le chasser par une contre-attaque.

105. Une agglomération de maisons de briques ou de pierres pourvues de solides murs de clôture, fournit une bonne protection contre les obus; sa périphérie devient généralement la ligne principale de combat: on évitera, toutefois, de placer un gros effectif dans la localité. Si, au contraire, on a affaire à un groupe de maisons de bois faciles à incendier par les obus, il vaudra souvent mieux

placer la ligne de feu en avant de la localité, laquelle ne sera utilisée que comme masque, par les troupes en arrière.

On ne disséminera les troupes dans les maisons qu'en cas de force majeure; mais alors, on exécutera les travaux nécessaires aux liaisons et communications.

106. Dans l'attaque d'une localité, l'artillerie et surtout l'artillerie lourde de campagne s'efforce de concentrer le feu sur le point d'attaque pour le ruiner ou l'incendier; le génie détruit les murs de clôture avec des explosifs pour faciliter l'attaque d'infanterie.

Une troupe qui pénètre dans une localité poursuit l'ennemi en poussant la charge jusqu'à la lisière opposée. Si l'adversaire tient encore quelques maisons, on laisse en arrière un groupe spécial chargé de les enlever.

107. Dans la défense d'une localité, on affecte un secteur à chaque unité, en raison de la disposition des murs de clôture et des maisons; on s'arrange pour que, si un secteur est entamé, les autres n'aient pas à en souffrir.

On ne se borne pas à tenir le périmètre d'une localité: on fait des organisations intérieures, on barricade les rues, on occupe les maisons, etc. On prend en outre des dispositions pour éteindre les incendies.

Si l'ennemi pénètre dans la localité, on s'efforce de le refouler par une contre-attaque.

Il est possible de se maintenir dans une localité pourvue de solides maisons, même en cas d'enveloppement complet, si l'on se défend convenablement.

CHAPITRE IX

L'INFANTERIE CONTRE LES AUTRES ARMES

108. Une infanterie qui tire avec calme, peut, dans toutes les formations, faire échouer la charge d'une cavalerie supérieure.

C'est déjà un succès pour de la cavalerie opérant une diversion contre de l'infanterie en action, que de lui faire changer de formation ou de retarder son mouvement. Donc, en cas de charge de la cavalerie ennemie, le seul élément préposé à cette mission lui fait face; les autres continuent à remplir leur tâche respective.

109. Une fraction d'infanterie, même relativement faible, peut agir avec succès contre de la cavalerie pied-à-terre: elle s'attache particulièrement à tirer sur les chevaux tenus en main.

110. Dans le combat contre l'artillerie, à longue distance, cette arme domine l'infanterie par son feu; vers mille mètres, il y a presque égalité; plus près, le feu d'infanterie prend la supériorité.

Même à grande distance, l'infanterie a l'avantage sur l'artillerie, si elle peut la prendre sous son feu en cours de marche, pendant la mise en batterie, au moment d'atteler les avant-trains ou de recharger les chevaux de bât; enfin, contre une artillerie en position, son feu d'écharpe ou d'enfilade est efficace.

111. Une infanterie soumise au feu d'artillerie doit s'efforcer d'en réduire les effets en employant des formations judicieuses, en utilisant le terrain, en poussant hardiment ou en accélérant l'allure. Aux grandes distances, on rétrécira le front pour compliquer le pointage de l'ennemi; à portée efficace, on prendra des formations minces, et on traversera rapidement la zone battue.

D'une manière générale, une infanterie disciplinée et calme sera capable de poursuivre sa marche malgré la puissance de l'artillerie ennemie, en mettant à profit les intermittences de son feu.

112. Les mitrailleuses doivent pouvoir repousser la charge d'une cavalerie supérieure: elles balayent de leur feu tout son front. Elles ne cherchent pas à dominer l'artillerie adverse à longue portée: elles ont de bonnes chances contre cette arme si elles peuvent s'en rapprocher ou la prendre en écharpe ou en enfilade.

TROISIÈME PARTIE

Honneurs, Revues, Maniement du sabre, Port du clairon

REGLES IMPORTANTES

1. Les troupes doivent être exercées à rendre les honneurs (*keirei*) et à se présenter aux revues (*kampei*) avec la plus grande correction.

2. Dans le mouvement de présenter les armes, on observera les prescriptions données pour le maniement d'armes dans la Première Partie.

3. On conserve le pas normal pour rendre les honneurs en marche et pour défiler.

Présenter les armes

4. Pour présenter les armes en partant de l'arme au pied, on commande :

PRÉSENTEZ-ARMES !

Premier Mouvement. — Elever l'arme avec la main droite et l'apporter verticalement vis-à-vis du milieu du corps, le canon en arrière; la saisir en même temps avec la main gauche au-dessous du garde-main, le pouce allongé le long du fût, l'avant-bras horizontal et touchant légèrement le corps.

Deuxième Mouvement. — Saisir la poignée de la crosse légèrement, avec la main droite.

Pour remettre l'arme au pied, on commande :

REPOSEZ-ARMES !

Premier Mouvement. — Saisir l'arme au garde-main avec la main droite, le coude touchant légèrement le corps.

Deuxième Mouvement. — Abaisser l'arme avec la main droite et l'appuyer à la hanche, le petit doigt derrière le garde-main. Laisser tomber la main gauche.

Troisième Mouvement. — Poser doucement la crosse à terre.

La tête à droite (gauche)

5. Pour l'exécution de ce mouvement, on commande :

TÊTE DROITE ! (ou gauche).

Kashira-migi! (hidari).

Tourner la tête d'environ 45° à droite (gauche).

Pour faire replacer la tête directe, on commande:

FIXE! — *Naore!*

Port du drapeau. — Salut du drapeau

6. Pour porter le drapeau, tenir le talon de la hampe contre la cuisse droite, le coude droit en arrière, le poignet à hauteur de l'épaule, la hampe légèrement inclinée en avant.

7. Pour saluer, le porte-drapeau remonte la main droite le long de la hampe jusqu'à hauteur des yeux, le talon de la hampe restant appuyé à la cuisse droite; il étend le bras de toute sa longueur et incline le drapeau.

Prescriptions pour les revues

8. Dans la phase de la revue qui précède le défilé, c'est-à-dire la réception de l'officier inspecteur et la revue proprement dite, on place les troupes en lignes de colonnes sur une ou trois lignes (Planche I); pour le défilé, on adopte la colonne de section (Planche II).

9. Pour serrer les distances dans la colonne de sections, on commande :

SERREZ LES DISTANCES! — *Kyori wo tsume!*

Les deuxième et troisième sections serrent sur

la première et prennent la formation B indiquée sur la Planche II.

Pour reprendre les distances normales, on commande :

PRENEZ LES DISTANCES! — *Kyori wo tore!*

Les deuxième et troisième sections reprennent leur distance normale.

10. Pour commencer le défilé, le chef de bataillon commande :

POUR LE DÉFILÉ, EN AVANT-MARCHE!
Bunretsu ni, mae ye-susume!

Au commandement préparatoire, les serre-files rentrent dans le rang.

Maniement du sabre. — Port du clairon

11. Les officiers commandants, les adjudants (*junshikwan*) et les sous-officiers (*kashi*) tirent le sabre dans les formations à rangs serrés et les formations de rassemblement; toutefois, au combat, seuls, les commandants de compagnie et leurs subordonnés tirent le sabre; le reste du personnel ne le fait qu'en cas de nécessité.

Il est permis de garder le sabre au fourreau quand on veut se dissimuler aux vues de l'ennemi.

12. On porte le sabre, le premier anneau de

bélière au crochet, la garde en arrière; à cheval, le sabre est décroché.

13. Etant arrêté, pour tirer le sabre, sans déranger le corps, saisir le fourreau de la main gauche au premier anneau, le pouce en dedans, la poignée en avant; porter la main droite à la garde; tirer le sabre en élevant le bras de toute sa longueur; marquer un temps, et prendre la position du port du sabre en laissant tomber la main gauche.

Pour se placer au port du sabre, tenir la poignée de la main droite, entre le pouce, d'une part, et les deux premiers doigts, de l'autre, les autres doigts allongés à l'extérieur de la garde, la main appuyée à la partie inférieure de la hanche, la lame verticale, le dos de la lame appuyé contre l'épaule, le coude légèrement en arrière.

Etant au port du sabre, pour se mettre au repos à l'arrêt, laisser tomber le bras droit ou l'amener devant le corps, la pointe du sabre en l'air; soutenir la main droite avec la main gauche, et laisser reposer la lame contre l'épaule.

14. Etant à l'arrêt, pour remettre le sabre, l'élever verticalement, le plat de la lame vis-à-vis du milieu de la figure, la garde à hauteur de la bouche, le coude touchant naturellement le corps.

Saisir en même temps le fourreau de la main gauche au premier anneau, l'ouverture en avant; placer la lame la pointe en bas et en arrière, la main droite élevée; pencher la tête à gauche [illegible] fixer l'entrée du fourreau; engager la pointe [illegible] lame dans le fourreau et enfoncer entièrem[illegible] le sabre; repousser la garde en arrière, [illegible] vivement retomber les mains, et replacer la [illegible] directe.

15. Dans la marche le sabre au clair, tenir [illegible] poignée, le dos de la main en avant, le [illegible] allongé, le dos de la lame appuyé contre l'épau[illegible] tenir le fourreau au crochet, de la main gauche et laisser les bras se balancer naturellement.

16. Les cavaliers, tenant la bride de la main gauche, saisissent la poignée du sabre en allon-geant le bras droit par dessus le gauche, et le tirent comme il est prescrit Art. 13; toutefois, [illegible] port du sabre, le pommeau de l'arme repose sur la cuisse droite, et l'artère du poignet s'appuie [illegible] la hanche.

On remet le sabre comme il est prescrit [illegible] l'Art. 14.

17. Le sabre tiré, dans les revues, on passe [illegible] dragonne au poignet; on agit de même dans [illegible] autres cas, si cela est nécessaire.

18. Le salut s'exécute en partant de la positi[illegible] du port du sabre.

Premier Mouvement. — Elever l'arme verticalement, le plat de la lame vis-à-vis du milieu du visage, la garde à hauteur de la bouche, le coude touchant naturellement le corps (c'est le mouvement de présenter le sabre, Jap.: *sasage to*).

Deuxième Mouvement. — Abaisser l'arme obliquement, le bras étendu, le poignet légèrement écarté de la cuisse droite, les ongles en dessus; tourner la tête et fixer la personne ou l'objet qui reçoit les honneurs.

Le salut terminé, reprendre la position du port du sabre.

19. Port du clairon:

Le cordon passé au cou, saisir l'instrument de la main droite de la façon suivante: le pouce en dessus, l'index contre la vis de serrage d'embouchure, les autres doigts joints à l'index, le tube recourbé appuyé à l'artère du poignet droit, le doigt du milieu sur la couture du pantalon; le tube vertical et en arrière. En marchant, laisser le clairon se balancer naturellement.

20. Pour sonner, tenir le clairon horizontalement, le tube recourbé tourné vers la gauche.

FIN

APPENDICE

PLANCHE I

Droite du 2e Bataillon *1er Bataillon*

16 pas 4 pas 8p.

16 pas

Section H.R

Chef de Brigade.

Chef de Régiment.

Chef de Bataillon.

Chef de Compagnie.

Chef de Section.

Officier supérieur *(Sakan)*, attaché au régiment.

Capitaines, Lieutenants et Enseignes *(Minarai Shikwan)*, qui n'entrent pas dans les unités (cad. compl.)

Adjudant de Brigade (Off.)

Adjudant de Régiment (Off.)

Adjudant de Bataillon (Off.)

Chef clairon.

Clairon.

Médecin-Chef *(Gunisci)*.

Médecin.

Intendant *(Sukèi)* du grade de cap. ou lieut., un par bataillon.

Drapeau du régiment *(Gunki)*.

Fanion de Bataillon *(Dailaiki)*.

Fanion d'honneur donné à la compagnie la première au tir. *(Shagehi Meiyoki)*.

OBSERVATIONS

1. L'intervalle entre les régiments est de 24 pas.

Quand les bataillons forment trois lignes successives, la distance entre les bataillons est de 8 pas. Chaque compagnie couvre exactement sur la précédente; tous les clairons, le médecin-chef, les médecins, les intendants et la section hors-rang (*retsugai shotai*) du régiment se placent en arrière du dernier bataillon.

Les distances et intervalles entre les corps de troupes sont susceptibles d'être changés.

2. Les candidats officiers (*shikwan kohosei*) prennent place dans le rang.

3. La ligne des serre-files comprend les sergents-majors (*socho*), sergents (*gunso*), caporaux (*gocho*), sous-officiers du service de santé (*kangocho*), candidats intendants (*shukei-kohosei*), sous-officiers de l'intendance (comptables, *keishu*), les artificiers (*kocho*) et les soldats du service de santé (infirmiers-brancardiers, *kangosotsu*) appartenant aux états-majors de brigade, de régiment et de bataillon. Quand ils sont groupés en section hors rang, c'est dans l'ordre ci-dessus, et sous le commandement du sergent-major ou du sergent le plus ancien.

4. Les enseignes-intendants (*minarai shukei*) et les enseignes-médecins (*minarai gun i*) se placent dans le rang des intendants et médecins.

NOTE DU TRADUCTEUR. — Les candidats (*kohosei*) sont les engagés volontaires candidats à la carrière d'officier ou assimilé. Les mêmes, après passage dans une école, reviennent au régiment faire un stage comme enseignes (*minarai*), en attendant leur nomination d'officier ou assimilé.

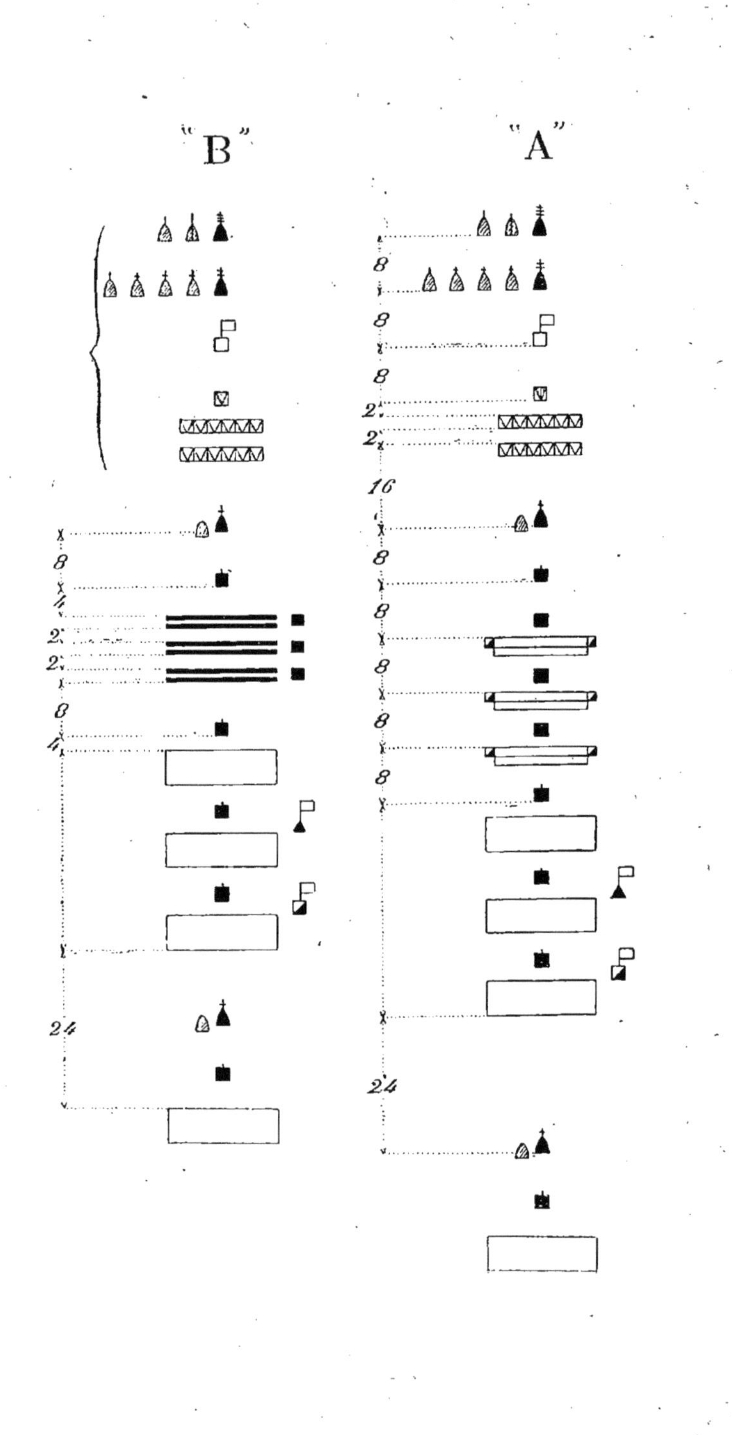
"B"
"A"
8
8
8
2
2
16
8
8
8
8
8
24
8
4
2
2
8
4
24

OBSERVATIONS

1. Dans la formation « A », les serre-files se portent à l'aile gauche de leur section, dans les deux rangs. Dans la formation « B », le chef de section sert de guide, et le chef d'escouade d'aile droite est doublé au second rang par un serre-file.

2. Si les effectifs sont faibles, on peut former les sections sur un rang.

3. Les distances entre les corps de troupes sont susceptibles d'être changées.

4. On rend les honneurs par compagnie; dans la formation « B », on peut les rendre par bataillon.

5. La distance entre les régiments varie de 20 à 40 pas, à compter de la queue d'un régiment au chef du régiment suivant.

6. Ne participent pas au défilé : les officiers surnuméraires (cadre complémentaire), les enseignes (*minarai*), les médecins-chefs et médecins, les intendants, et le personnel des sections hors rang, qui n'ont pas place dans les unités.

7. Les adjudants divers se placent en arrière et à gauche de leurs chefs, à une demi-longueur de cheval.

8. A défaut d'une musique militaire, les clairons se placent à 10 pas en avant du chef de bataillon de tête.

BIBLIOTHÈQUE NATIONALE R.F. IMPRIMÉS

TABLE DES MATIÈRES

BIBLIOTHÈQUE NATIONALE R.F. IMPRIMÉS

PREMIÈRE PARTIE

De l'Instruction

DEUXIÈME PARTIE

Principes fondamentaux du combat

Imp. L. FOURNIER, 264, boulevard St-Germain, Paris.

Paris. — Imp. & Lib. Militaire Universelle L. Fournier.

www.ingramcontent.com/pod-product-compliance
Ingram Content Group UK Ltd.
Pitfield, Milton Keynes, MK11 3LW, UK
UKHW021045200726
13857UKWH00003B/826

9 782013 057134